岩 波 文 庫

33-322-2

蓮如上人御一代聞書

稲葉昌丸校訂

解説

一　蓮如上人に就いて

蓮如上人は本願寺第八代の住持で、中興の上人と稱せられる。八代の算へ方は、通常親鸞・如信・覺如・善如・綽如・巧如・存如・蓮如と次第するが、これは法統である。單に寺について言へば、初の三代を覺信尼・覺惠・覺如と次第すべきで、親鸞聖人は本願寺に關係はない。元來、親鸞聖人の一生はその師法然聖人が唱へられた念佛法門を祖述宣揚するにさゝげられて、別に一宗を開くなどの考はなかつた。たゞその徹底した他力觀が、後に法然門下と別な一派と見做さるるに至つたのである。聖人は弟子一人も持たずといひ、聖人に從うて法を聞く者を御同朋御同行と言はれて、極めて謙虚な態度であつた。六十歳前後、多年棲みなれた關東の地をすてて、京洛へ歸られた理由の一として、關東に在つて多くの人々に師匠視せられるのを嫌つての爲ともいはれてゐる。歸洛後三十年ばかり、隱遁生活を續けて、弘長二年滿九十歲で往生せられたが、遂に一寺を建てられることもなかつた。

聖人の寂後、關東の同朋は、その遺德を慕うて、京都東山鳥邊野の側にある墳墓に詣する者が多かつたので、聖人の季女覺信尼は、同朋の贊助を得て、遺骨を東山吉水の北邊にある自邸內に掘渡し、堂を建て影像を安置した。これは聖人滅後十年を經た文永九年の事で、この廟堂こそ濫觴といふべく、遂に發展して本願寺となつたのである。この廟堂の管理者は留守職と稱せられ、同朋の同意を得て、覺信・覺惠・覺如と親子三代、相繼いで當られた。覺如上人は親鸞聖人の曾孫で、留守職となられた延慶三年は、聖人寂後既に五十年を經てゐる。聖人面授の同朋は概ね凋落し去つて、その率ゐてゐた各地の小敎團は、思ひ〳〵の方向に進み、歸一する所がない。覺如はこの形勢を觀て、これまで留守職は僅かに廟堂を管理するに留まつたが、その權限を擴張して、諸國の小敎團を統合する中心とする案を立てられた。つまり、留守職を繼承する者が一派の敎主となるのである。それで、先づ廟堂を改めて寺とし、初めて本願寺と稱せられた。覺如上人の學德は、當時一派內で比肩し得る者はなかつたが、それでも覺如の意志に反對し、離散する者も有つた。上人畢生の努力もその理想を實現するに至らず、僅かに基礎を置いたまゝ、戰亂の世とはいひながら、窮困の中に世を去られた。その後善綽巧存四上人の時代も同様の有様で經過したが、第八代蓮如上人の出でらるるに及んで、啻に覺如上人の理想が實現せられたばかりでなく、敎勢頓に揚り、海内を風靡するに至つた。それで中興上人といふのである。

蓮如上人の成功は、固よりその偉大なる人格の力によるが、その布敎に對する努力の異常なると、その施設宜しきを得たる爲とである。上人は十五歳の比より既に再興の志が有つたといはれるが、四十三歳住持職を襲ぐや、先づ近江國を手始に敎を布き、早くも叡山の嫉視を招くに至つた。その敎線は攝河泉は勿論、尾濃參に及び、殊に北國に赴き、吉崎の在住四箇年は、特記すべきである。文明五年、三帖和讃及び正信偈が吉崎で開版せられ、末代興隆の爲と奥書してある。蓮師はまた多數の名號を書き、本尊として門徒に與へられた。今日本願寺門徒が各自に本尊を安置し、朝夕に正信偈和讃で勤行する習慣は、實に蓮師の指導に由るものである。敎義を説くにも、偏へに簡易を旨とし、一文不通の者でも解し得るやう努められた。「前々住上人蓮如の御代に、御文を御作り候て、雜行をすてゝ、後生たすけたまへと、一心に彌陀をたのめ、とあきらかに知らせられ候、然れば御再興の上人にてましますものなり」、と聞書記者が述べてゐるのは、最もその要を得てゐる。

御文の製作は、今日の所謂文書傳道で、平易の語で教義を述べ、これを讀んで參衆に聞かせ、また書いて門徒に與へられたもので、傳道上の效果大なりしは、言ふまでもない。傳ふる所では、寛正二年金森の道西に與へられたのが最初であるといふが、文明中吉崎にありては頻繁に作られ、滯留四年間に八十通もあらう歟。御文の總數は、當今知られたもの二百通ばかりもあるが、上人歿後、實如上人代にこれを整理して、八十通を採擇せられた。是が所謂五帖御文で、次の證如上人代に開版せられて、今日に及んでゐる、勿論門徒に頒布する爲である。

御文の外に、弟子達によつて作られた、上人の言行を錄した、所謂聞書類が傳はつてゐる。御文は多く「當流親鸞聖人御勸化の趣は」の文句で始まり、何々「すべきものなり」の句で終つてある。是は蓮師の弘むる所の教義が師の今案に非ず、親鸞聖人の教旨を傳へることを示すものであるが、語勢多少命令的に聞える。この教を如何に聞いて信を取り、信の上は如何に日常生活を送るべきかは、蓮師が日常の法話なり座談なりで懇切に示されたのである。從つて、聞書は弟子達の所錄であり、多少の聞誤りをも傳へて居らうが、御文と幷べて貴重すべきものである。この聞書類は久しく寫傳せられたが、德川時代に入つて初めて刊行せらるるに至つた。

二　『蓮如上人御一代記聞書』に就いて

書名。『蓮如上人御一代記聞書』といふ名は、今では本願寺門徒で知らぬものない程有名ではあるが、その內容からいふと、變な名である。『御一代記』とあるから、蓮如上人の史傳であるかと思ふと、さうではなくて、主として上人の法語を錄したものである。これは元祿二年この書が始めて刊行せられたとき、出板書肆が附けた名と思はれる。明和三年、西本願寺で『和語眞宗法要』が編集出版せられたとき『實悟記』などと共に、この書も採擇編入せられたが、流石に「記」の字が除かれて、『蓮如上人御一代聞書』となり、稍〻內容と一致することになつた。然るに、文化八年東本願寺で『眞宗法要』に倣うて『眞宗假名聖敎』が出來たとき、前名が復活して、『御一代記聞書』となつた。これは官署への屆が坊刊本を複刻するとあつた爲と聞いて居る。兎も角も、この兩集錄に編入せられて已來、この書が有名になつたのである。

條數。坊刊本は四卷を二冊にして、終に「凡二百四十九ケ條　實如御判」とある。

條數の事は後に言ふが、「實如御判」の四字は出板書肆の勝手に附けたもので、固より信用すべきでない。『法要』本はこの坊刊本を底本として、本末二卷に分ち、他の寫本によつて條數を增補して、三百十四ケ條となつた。而して「實如御判」の四字は保存せられてある。深勵講師の『講義』によると、惠空講師が河內古橋の願得寺に傳來する古書を寫し置かれた中に、『實悟覺書天正十三年記』と外題した一書が有つて、內題には、『蓮如上人御物語聞書』とあり、法語三百十六ケ條を揭げて、終に「天正十三年四月十九日書寫之者也」と奧記してある。是が『御一代記聞書』の原本である。『假名聖敎』編纂の際、願得寺の原本は既に散佚して居たので、惠空所寫本が底本に採用せられたとある。坊刊本を『假名聖敎』本と對照すると、條數こそ足らぬが、同一の組織で、それが『天正十三年記』の抄錄本たることは明かである。

編者。天正十三年は實悟師（天正十二年十一月寂、九十三歲）の歿後であるから、勿論同師は『御一代記聞書』の筆者ではない、恐らく同師の息顯悟の所寫であらう。『實悟覺書天正十三年記』なる書名は惠空師が附したもので、實悟師所編に「天正八年」の奧記ある類似の書『蓮如上人一期記』と區別する爲であつたが、『天正十三年記』が果して實悟所編である明證はなかつたのである。古來『御一代記聞書』の編者を空善とするのと、蓮悟とするのと、二説ある。成る程、この書の前部は空善の所記であり、後部の編者は蓮悟である様に見えて、實は未決である。それで、深勵講師は、空善の記や蓮悟の記や其他の記を纏めて一書にしたのが實悟師であらうと『講義』に述べられた。先年私はこの問題を調査したが、その結果を述べると、本書は始終一貫の書ではなく、三部の書を連續して寫したものである。それで初の四十三箇條は空善の所記であり、次の二十五箇條の編者不明、終の二百四十八箇條は實悟の所編である。

法專坊空善は法敬坊順誓や慶聞坊龍玄やと並び稱せられた蓮如上人上足の弟子で本寺常住衆の一人であつた。それで、延德元年八月蓮師御退隱より明應八年三月御往生まで、凡そ十年間の蓮師の動靜及び折々の法語を年月を追うて認めた記錄を殘した。この錄は萬延元年『空善日記』と題して、小本一冊が粟津氏傳來の寫本に據つて出版せられた。然し此本は改竄の跡がいかにも著しいので遺憾とせられたが、近年舟橋氏所藏本が出て、これは原形を失つて居らぬと推せられ、禿氏祐祥氏はその『蓮如上人法語集』に收め、『空善聞書』百七十一條と題して、大正十三年に出板せられた。然るに、この記の空善眞筆本は、記者歿後永正十七年十一月歿早くも散亂したと見えて、私の推定では、もと三帖あつたと思へるものが、中卷が分離獨立し、上下卷が直に連續して一書となり、別々に傳へらるることになつた。かの『山科連署記』はこの上下卷本を主體として僞作せられたものである。そこで、『御一代記聞書』の初にある四十三箇條はこの分離した中卷本である。條數が少し足らぬのは、開合の異もあるが、法義に直接關係なき六箇條を特に除いた爲である。

次の二十五箇條の編者は不明、今以てその手掛りだに得ぬ。然し、この部分の書き方が前後の部と異なり、殊に假名が多く用ゐられてゐるのが眼につく。或る古寫本に、他の法語と共に、この部の初から第十七條まで次第變ぜずに寫されてあるのを視た。これも此部が獨立の一書であつた傍證となるであらう。

第三部の編者である願得寺實悟實名兼俊は蓮師の第十男で、父上人御往生のとき僅かに八歲、而も生れて百日ばかりで、兄の本泉寺蓮悟實名兼緣の養子となつて、加賀へ行かれたから、蓮師御存生中の事を知る由もなかつたが、漸く長じて山科本寺へ出入するに及んで、色々見聞する所があつた。また家庭では養父蓮悟から聞いたのは勿論である。元來筆まめな方で、多くの記錄を殘され、その眞筆本を古橋の願得寺に傳へてゐる。その中法語の聞書に關するものを擧げると『蓮如上人仰條々連々聞書』二百七條と『蓮如上人一期記』二百二十三條との二部がある。『一期記』には「天正八年九月中旬

清書之　苾蒭釋實悟八十九歲(花押)書之」と奥記が有つて、惠空師が『天正八年記』と名づけたもので、正德三年『蓮如上人御法談』の名で出版せられてある。內容は前述の空善の記が既に分離した形で收めてあり、また『御一代記聞書』第三部中の分が八十箇條ばかり見出される。『仰條々連々聞書』には左の奥書がある。

右此條々者、蓮如上人御時之儀、宿老衆兄弟中、御物語儀等、先年注置處、享祿亂皆失畢、然而其一帖斗、聊或人持來令見之間、則書加之、一字一默(點)不可在虛說、仍子孫之外、不可及披見者也。

天正二秊甲戌十一月三日書納之　　苾蒭兼俊九々二歲(花押)書之

この書の內容は『御一代記聞書』第三部に似て有つて、對照すると、飛び〳〵ではあるが、次第に相合致する。細說すると、卷首の七十九箇條及び第九十四條以下の七十九箇條、合して百五十八箇條が『御一代記聞書』第三部の拔抄であり、殘り四十九箇條が新加である。この事實を明記して、前揭の奥書を再讀すると、實悟師が享祿亂前に作られたものが、實にこの『御一代記聞書』第三部に當るもので、亂後その拔抄本を入手せられたことが知れる。第三部に兼緣蓮悟の所記と思はるる箇條が多々あり、兼緣の夢を錄した條の終に、『仰條々』には「此六ケ條蓮悟被注置候事を書附侍る也」とあるなど、父子の關係より實悟師の所編なるを疑ふべきでない。

この第三部の獨立した書を探り居たが、幸ひに一本を入手し得た。それは、『蓮如上人一語記』と題し、二百五十一箇條を收めてあり、『御一代記聞書』第三部よりは三箇條多い。但し『聞書』第百八十六條が『一語記』にないから、實悟師所編は二百五十二箇條收めて有つたと思はれる。『一語記』なる表題は當初からのものか疑はしい。

文體。聞書類の文體は一種特別で、一見奇異の感を與へることがある。これは當時の通俗語が多く用ゐられてある爲ばかりでなく、蓮師自身の語を記する中に、記者の敬語を交へてゐる爲でもある。一二例を擧げると、

御文ノコト……モシ一人モ信ヲエヨカシ、トオモフバカリニ、アソバシヲクナリ、テニハノワロキヲ、オレガトガトイヘ。

ヤ、アリテオホセラレ候。ヒトノ信ノナキコトヲオボシメシ候ヘバ、身ヲキリサクヤウニ、カナシキヨ、トオホセラレ候。

仰ニ、オレハ身ヲステタリ、……オレハ寒夜ニモ蚊ノオホキ夏モ平座ニテ、タレ〳〵ノヒトニモ對シテ雜談ヲモスルハ、佛法ノ不審ヲトヘカシ、信ヲヨクトレカ

シ、トオボシメシテ御辛勞ヲカヘリミズ、御堪忍アル事也、シカルニ、サト思入タルヒトハ一人モナシ。

これらは、敬語を平常語に改めると、蓮師直說の語となる。

內容。空善記に蓮師が退隱より臨終までの動靜を記してあるのを讀むと、隱退の身ながら安居するのでなくて、頻繁に京坂堺の間を往來して化を垂れて居られる。この奮鬪力が有つてこそ、一宗再興の業が成つたと首肯せられる。また臨末の有様は、所謂聖者の往生ではなくて、いかにも凡人の臨終である。無文の物を着て殊勝ぶること御嫌ひの平常の語と一致し、在家の一宗興行の旨趣に叶ふものである。ただ此間に、どこまでも安心滿足の態度のあることを見逭がしてはならぬ。法語は種種の問題に亙つてあるが、二三點を摘記すると法を聞く心得について幾多の指示がある。少々解し得た者には解得と信得との別を示して、同行寄合ひ、その心中を陳べて篤と談合すべきことを勸めてある。信の上の報謝の念佛につき、その稱へごころについて懇切に示し、これで報謝すると計らうての念佛は、既に自力である、と喝破し、ふと申す念佛も佛恩報謝にそなはる、と示された。信を得て彌陀の心光に攝取せられると、爰に新たな境界が展開する。南無阿彌陀佛の主になるといふ。南無阿彌陀佛に身をばまるめたるといふ。一切萬事に如來の御用《ユウ》を感じて冥加を思ふことになる。御文には冥加の事を說いてないが、信心を得た者が自然に感ずる事なる爲であらう。冥加を思へば、すべて物を大切にして、感謝の念を以て受用すべきである。人道を履行するのも、またこの感謝の念を以てするに外ならぬ。王法をば額にあてよ、佛法をば深く內心に蓄へよ。仁義道德といふとも、周到に守らるべきである。

凡　例

一、本書は『蓮如上人御一代聞書』を分解して、それを構成する三部の原本『空善記』『昔語記』『實悟記』を別々に掲げた。

一、『御一代聞書』の第一部巻首の四十三箇條は『空善記』の中册に當り、本書の第四十八條以下にある。第二部の二十五箇條は『昔語記』で、本書第百三十七條以下にある。第三部二百四十八箇條は『實悟記』で、本書第百六十二條以下にある。『御一代聞書』にある各條は本書の相當條項の下欄に、『眞宗法要』(法)及び『假名聖敎』(假)に據つてその順番號をそれ〴〵記入した。

一、各條の本文は、諸本を參考して、原形と思はるるものに從ひ、『聞書』との差異は、些細なものを除き、下欄に註記した。但し、『聞書』には「前住上人」や「前々住上人」の語が屢〻用ゐられ、而も一貫してゐないから、今はすべて「實如上人」「蓮如上人」にそれ〴〵一定して改めた。

一、『補遺』は前掲の三原本以外の記錄を採つて作つた。卽ち『蓮如上人仰條々連々聞書』(仰)から二十四箇條、『本願寺作法之次第』(作)から十三箇條、『榮玄記』(榮)から八箇條、『山科御坊之事』(山)から三箇條、『蓮如上人一期記』(期)から二箇條、『蓮如上人御若年砌事』(若)から二箇條、通計五十二箇條である。これ等の記錄は『榮玄記』及び『御若年砌事』を除き、實悟師の所錄である。『御若年砌事』は蓮淳師の所記に實悟師が加筆したものと思はれる。『榮玄記』は全く系統の異なるもので、榮玄は綽如上人の孫にあたる專秀坊玄秀二俣住のまた孫で、加州大田村に住し、受得寺と稱した。

一、下欄の略解は深勵智現覺壽諸師の講述及び國語字典に據って作ったが、たゞ初心者の爲のもので、それも不完全を免れない、切に識者の是正を待つものである。

昭和十六年十月　　　稻葉昌丸誌す

目次

空善記

一　延徳元年八月廿八日、南殿《みなみどの》へ(一)御隠居の御事とて、御うつり候。その夜のたまはく、(二)功成り名とげて身しりぞくは天のみちとあり。されば、はや代をのがれて心やすきなり、いよ〳〵佛法(三)三昧(四)までなり、と言《のたま》へり。

二　大勢のなかにて聖教をよむ(は)大事也、必ずそしる人あるべしと用心すべし。

三　佛恩(報謝)のために名號《みやうがう》となへて佛に(五)まゐらするはかへもの《交換物》也、自力也。名號となふるは、御たすけのありがたや〳〵と申すこころ也。

四　(六)本願の意は、「願力無窮《むぐ》にましませば罪業《ざいごふ》深重もおもからず」といふ(和)讃の意なり。

五　こなたよりとなへ行《ぎやう》じて往生《わうじやう》はせざるなり。されば、(七)須の文點は用のもんてんといふことあるなり。(八)南無阿彌陀佛ははや凡夫の往生を成就めされたる體なれば、とかくはからはず、(九)たのむばかりなり。

(一)本願寺住持職を實如上人に讓られた、以後蓮如を南殿、實如を北殿と云。
(二)老子─功成名遂、身退天之道。
(三)三昧─梵語、正定と譯す。心を一境に集注して散亂せしめぬこと。
(四)まで─ばかり。
(五)六字名號を稱へてその功德を佛に献げるを、術語で廻向と云、是は佛の救濟と交換する意ゆゑに自力と云。
(六)法藏菩薩はその四十八本願の第十八に、十方衆生(一切の生類)を淨土に往生させずば成佛せじと誓はせられた。
(七)善導の『散善義』の文「一切衆生身口意業所修解行必須眞實心中作」を親鸞聖人は他力安心の見地で一切衆生の身口意業の所修の解行必ず眞實心の中に作したまひしを須ゐる、と訓讀せられた。
(八)本願成就して出來た六字名號の意義を略して言へば、たのむものをたすく、と云。
(九)たのむ─助けとせんとたよる、たよりに思ふ、身をまかす。

六 言《のたまは》く、(一)(正 五 九)月の 十六日に 善を なす を (よしと 思へり。是を) もて 志《知》んぬ、かならず たすからざる 也。十六日は 炎魔王の 縁日 なれば、その日 善を なして 炎魔王に まゐらせて、もし かへものに くるしみの 宥免 すこしも あらんずる やうに みな おもへり。世界の 人の 心 このこゝろ なり、(二)あさましき こと 也。

七 安心とは、彌陀を (三)一向一心に たのみ申せば、(四)やがて 御たすけ ある なり、されば こそ、(五)やすき こゝろ なり、誠に やすき 也。

八 御前《おまへ》に 上々様 皆々 御座の 夜 言く、あら (六)そらおそろしや、世間に 物を くはず さむき もの おほきに、くひたき まゝ きたき まゝに さふらふ 事、聖人の 御恩にて あるぞとよ。この御恩を おろそかに 思ひ申す 事、あさましき と 也、(七)とくれ〴〵 仰せ ありけり。又、(八)番匠《ばんじやう》 なんど (作事) 仕候時も、いさゝかなる 木の きれはしを とりおかせ、大切に

(一)正五九―『一期記』に據て加へた。俗説に正月と七月とには十六日に地獄の釜の蓋が開くと言うて、炎魔詣をする。
(二)あさまし―あさはかなり、あきれたり。
(三)一向一心―佛につき、行につきては一向、行ずる心につきては一心と云ふ。
(四)やがて―そのまゝに、時を移さず、すぐに。
(五)安心の安は安定の義、今は安易の義で說く。
(六)そらおそろし―天の威ずる所おそろし、何となくそゞろにおそろし。
(七)くれ〴〵―くりかへしく〳〵。
(八)番匠―古へ交替して京都へ勤番せし大工の稱、轉じて一般大工の稱。

するは、佛法の ものと おもふ ゆゑ なり。この心 すなはち 冥加(一)に 叶ひたる と いふなり、と くれぐ 御諚(二) あり。

九　言く、佛法領解の心 すなはち 佛願の躰に かへる すがたなり、發願廻向(三)の 心 なり。又、信心を うる すがた すなはち 佛恩を 報ずる なり。九月十月まで

一〇　同元年 十一月廿一日 夜より 報恩講の 次第。

廿二日、朝(四)の御齋《とき》(頭人) 淨惠 福田寺 誓願寺、夕部《ゆふべ》(頭人)は 慶乘。御式は 御坊樣《實如》、御念佛は 上樣《蓮如》。

廿三日、御齋 本遇寺、夕部は 淨顯の衆。御式は 今小路殿(五)なり。

廿四日、御齋 道顯、夕部は 佛照寺。夜のつとめ すぎて、福田寺の 福松 才松と かみを そる。

一一　後生をば 彌陀を たのみ、今生をば 諸神を、たのむべきやうに おもふ 者 あり、あさましき 也。また、内心に 佛法を信じ 外相に その色を かくすべき よし、くれぐ 仰せ あ

(一)冥加―神佛の目に見えぬ加被。
(二)御諚―貴人の仰せ言。
(三)廻向は廻轉趣向の義で善根の因を廻して成佛の果に向くるは自力心なれど、今は思ひを廻らして往生淨土の一道に向ふ廻向で、他力信なり。『銘文』―二尊のめしにしたがうて安樂淨土に生れんと願ふこゝろなり。
(四)眞宗では宗祖の忌日に報恩講と稱して毎年十一月廿一日逮夜より廿八日日中まで七晝夜の勤行を修す。朝の勤行過ぎて齋の饗應あり、次に日中勤行、報恩講式を讀む、式各段の間に伽陀念佛あり。逮夜勤行前に非時(夕部)の饗應あり。齋非時は毎年の一定の門徒是を調進し其爲に上洛する代表者を頭人と云。
(五)今小路殿―常樂寺兼忠法名如覺。

りけり。

一二 淨土門に(一)四ヶの流々 あれども、淨土門の 本意は、聖人の御流 ばかりなり。

一三 たれ〳〵も 聖教を 一巻 よみて は、はや ものしりがほ (に) おもへり、あさましき也。聖人の(二)仰せには、内典 外典に わたり たまひて、ことに 彌陀の 化身にて ましませども、名を碩才道人の きゝにて らはん ことを いたみ、ほかに 至愚の 相を 現じて、御身を 田夫野叟の 類に ひとし、と 仰せ ありけり。よく〳〵 こころう べき なり。

廿五日、(御齋)出口對馬、夕部は、吉野衆。御式は 上樣。(三)佛光寺殿 御齋に めしけり。

一四 言く、一切衆生の 往生は 彌陀如來の 成就 めされたれども、衆生 うたがひ ふかくして 信ぜずして、いまに (四)流轉し けり。されば、日光は (五)四天下に あまねけれども、盲目は しらず みず。日光 てらさゞるに あらず、おのが目の しひた

(一)淨土門の四流—西山派開基善惠坊證空、西山善峰寺住。鎭西派、開基聖光坊辨阿、筑紫善導寺住。九品寺流、開基長西坊覺明、諸行本願義を立つ。長樂寺流、開基隆寛律師一念義を立つと云はる。後の二流いま無し。

(二)『嘆德文』に「内に宏智の德を備ふと雖も名を碩才道人の聞に衒はんことを痛み外にたゞ至愚の相を現じて身を田夫野叟の類に作うせんと欲す」とあり、聖人を嘆美する語なり。

(三)佛光寺殿—經豪、法名蓮敎。

(四)流轉—迷ひの世界に生死すること。六道(地獄餓鬼畜生修羅人間天上)の間を流れめぐること。

(五)四天下—天竺では須彌山の四周に東西南北の四洲あり共南なる閻浮提が吾人の住處なりと云ふ。四天下とは全世界と云意。

るに よりて なり。そのごとく、南無阿彌陀佛の 正覺(一) なりたまひたる うへは、往生は 決定 なれども、信ぜずして 生死に 流轉しけり。

廿六日、(御齋) 大和祐淳、夕部は 美濃 尾張 兩國。御式は 御坊樣、御念佛は 上樣。

廿八日、御點心(二)と 御齋 の あひだに、五時より 四時半時まで (御日中)、御式は 上樣、御念佛は 御坊樣。御莊嚴《しやうごん》(三)は 五具足、眞には あひおひの松 菊 みやましきび、下草は 水仙花。いづれも 上樣の 御たて 候。供具(四)には、餅 窑柑 かき、ひとへづゝ つみませ。

一五 かみにも 佛にも なれぬれば 信仰 なし。されば、熊野 伊勢の 神主は 神をば まことに 信ぜず、たゞ まゐる人に ぜに まゐらせよ かし、と (思ふ) ばかり なり。それが ごとく、これ(の內)に ある ものも、あまりに なれ〳〵しく思うて、信仰 申す かたは なし。されば、はじめに 手にて

(一)正覺―正しき覺り、佛のさとり、南無阿彌陀佛といふ佛に成り給うたこと。
(二)點心―禪家の用語、輕便なる饗應。報恩講滿座の廿八日朝にはムシムギ菓子を點心として勤行出仕者へ本寺より出す例也。
(三)御莊嚴―佛前の御かざり。五具足は五箇の佛具香爐一箇、華瓶一箇、燭臺一對。
(四)供具―供筥(クゲ)とも云。是に餅等を盛る、これを華束と云。

なほしたる ものを 次第に 足にて なほすべし。あら〱 あさましや、と くれ〲 仰せ ありけり。

一六 言く、念佛の流 まち〱 なれども、此の 聖人の 御すゝめの 如くなる は なし。されば、この御すゝめに よりて 信をとる こと、大果報人 なり と。されば、これほどに 殊勝なる 流儀を そしる 人 あさましき也。されば、そしる人は かくのごとく とて、「(一)菩提《ぼだい》を うまじき ひとは みな (二)專修念佛に あたを なす」との 和讚の 意を 仰せられて、(次の句に)「生死の大海 きはも なし」と あり、あさまし〱。

一七 上樣 御うしろ《背》に 腫物 いでき候に、(三)三位殿 そのうみを のごひ たまへ、と 仰せの 時、杉原を おしたゝみ、すでに のごはせ たまはん との 時、仰せに、わが身は その紙を ばいづくより いできたる と 心得て、さやうに じゆんたく《潤澤》にするぞや と。そのとき (三位) 杉原を 三つに さき切りて のごはせ たまひ候 時、かやうに いふ とき ばかり 也。(四)かげ

(一)菩提—梵語。智、道、覺などと譯す。佛の覺りの智惠。
(二)專修念佛—餘行を廢して專ら稱名念佛を修すること。
(三)三位殿—蓮師第六男、兼譽法名蓮淳、假名三位、大津近松顯證寺住持。
(四)かげ—人目にかゝらぬ處。

が本にて ある なり。かまへて(一) 佛法の 冥加を よく〳〵 おもへ、と のたまへり。

一八 聖教 わたくしに いづれをも かくべき やうに おもへり。機(二)を まもりて ゆるす こと なり。世間 佛法 共に 總じて ゆるさぬこと ある 也。女の よく 人に かくるゝ は、よく 人に おもはれん、と なり。聖教を をしむ は、よく ひろめんが ため 也。

一九 聖人の 御諚の ごとく 信《難》ぜずして、すゑ〴〵に わろき と いでける は、本寺の なんに なる 也。世間 佛法 共に、よく〳〵 つ(三)ゝしみ候はゞ、佛法 たつべし。

二〇 佛法には 捨身の行を するが 本 なれば、たれに(も) 恩に きせは せねども、身(四)をすてゝ 聖人の御流を すゝめ まします、と おもひ入りて 信ずる ひと なし、と 御述懐(五)を 仰せ ありけり。わが御身 ほど 身を すてゝ 佛法すゝめたる は なき なり、と 仰せ 候ひき。

(一)かまへて―必ず、きつと。
(二)宗祖の著『敎行信證』は許可を得て寫し又讀むことなり、其他の聖敎も之に準ず四四九條見よ。
(三)一つゝしむ以下―諸本「ツヽシムベシ。然レバ又信心アラバ佛法モタツベキ也」に作る。
(四)捨身の行は、雪山童子が半偈を聞くため身を羅刹に與へしが如く、法の爲に身命を絕つことなれど今は自己の都合を顧みぬほどの意。
(五)述懷―不滿の意を漏すこと、愚癡を言ふこと。

二一　無碍光(一)の 御本尊 かけ たまひて、これは 先年(二)炎上の 時、火の中に あり、まはり ばかり やけ、十字の 文字 一字も やけず、奇特にて あるぞ、と 仰せ ありて、その いはれを 御うらがきに あそばされて、美濃殿(三)に 御付屬 あり。不思議 の 御事也。

二二　(四)ずいりん《瑞林》庵に 仰せられ 候ひき。まもるに よりて いきも し 死する にも あらず、たゞ 因果の めぐる 相 なり。ずいりんあんも、さにて 候、と 申されけり。

二三　「神(五)は 濟度のむねを こがし 利生のたもとを しぼる」と いふは、神は もとは 佛にて、衆生を たすけたく おぼしめせ ども、衆生の まよひに ひかれて、神と なり たまふ によ りて、三熱(六)の くるしみを うけたまふ 也。利生のたもとを しぼる と いふは、たゞちに 佛を 信ぜずして、神を 信ず るを、かなしみて、なき たまふ、と しめす こゝろ なり。

二四　開山聖人は 彌陀如來の 化身にて ましませども、愚禿と

(一)歸命盡十方無碍光如來の十字を書して禮拜の對象とする、是を十字本尊といふ。
(二)先年炎上―文明六年三月廿八日吉崎坊舍の燒失を指すか。
(三)美濃殿―慶聞坊龍玄、美濃法橋と稱す。幼少より蓮師の弟子となり常隨給仕す。四四七、四四八條見よ。
(四)瑞林庵―『一期記』には深草の淨西寺瑞林庵とあり。四六〇條見よ。
(五)神は云々―『諸神本懷集』の文。
(六)三熱の苦―貪欲熱、瞋恚熱、愚癡熱の三。『諸神本懷集』に「神も久く娑婆にとゞまりて三熱の苦をうけ給ふ」とあり。

御なのりありて、天子へ、僧(一)にあらず俗にあらず、禿の字をもて姓とす、と奏聞ありけり、と仰せ候ひき。

三五 延德二年十一月報恩講は、かねてより御たくみ(二)に、御動(三)座の御事なれば、いかにもひそかに御勤行《ごんぎやう》ありたきよし也。しかるに、廿一日の夜大勢参り候間、順誓(四)御使にて、かねての御掟をやぶり、みな〱参る(は)曲事《くせごと》(五)、と御使申され候へ共、下向の方もなし。かさねて慶聞坊御使にて、往古より今に一年もかけざる御勤行をやぶ《なれ》る《ど》は、面々の御掟をやぶるあひだ、御勤行あるまじき也。下向ありて、ひそやかに御勤行可レ然候か、仰せなりとも祗候ありて、勤行かき申さるべきか、御返事申されよ、とあり。その時皆々下向ありて、思召《おぼしめ》す如く御沙(六)汰あり。しかれども、日々になほ次第に群集ぜひ《是非》なくて、七日七夜無爲(七)にはてまゐらせ、なほ〱、しづかにて佛法の御本意共種々御掟ありけり。

(一)「教行信證」に「僧の儀を改め、姓名を賜りて遠流に處す、予は其一人なり、爾れば已に僧に非ず俗に非ず、是故に禿字を以て姓とす」とあり。『傳繪』には遠流赦免の時禿の字を書きて奏聞すと記せり。

(二)たくみ—考へ計ること。

(三)御動座—『一期記』は將軍義尙六角高賴追討の事とすれど、義尙は既に延德二年三月江州の陣中に薨じ、此時の將軍は義植なり。義植の江洲出征は延德三年八月なり。それで今二年報恩講とあるは三年の誤記かと思はる。次條の蓮師七十七歳も延德三年に當る。

(四)順誓—法敬坊順誓。篤信第一の弟子。蓮師は弟子の代表者として順誓に對し話されたものか、その樣の法語が多く記錄されてある。四三三條四三七條參照。

(五)曲事—曲りて正しからぬ事。

(六)沙汰—事を行ふこと。今は報恩講勤行を修すること。

(七)無爲—無異の當て字、異狀なきこと。

二六 われは わかき時より いかなる 藝能なんども たしなまばさこそ あらんずれども、わかき時より いま 八旬に およぶまでの のぞみは、たゞ 一切の衆生 彌陀を たのみ 他力の信を とりて、(一)報土往生 あれかし、と ばかりの 念願にて、七十七歳を おくりたり、その外は さらに 別の のぞみ なし、と 仰せ ありけり。御前の衆 老若 みなく なみだをながしけり。又、その あくる日 (二)丹後殿の 御齋にて 慶聞坊、さても 先夜の 仰せ ありがたさ とて、かさねぐ (三)御讃嘆ありて、この御こゝろざし なれば こそ、この御代には奥州 ゑぞ《蝦夷》までも きこえ 繁昌 ある 御事、たゞ 不思議 なり とて、また 皆々 落涙 ありけり。

二七 ある夜 仰せに、おれ《己》は 身を すてたり。ゆゑは、(四)先住も形儀をも (五)聲明《しやうみやう》をも かたく 御をしへ 候ひしかども、田舎の衆 にても (六)常住の衆にても、對し めされて (七)平座にて、一首の和讃の こゝろをも また 御雑談 なんど 仰せられたる

(一)報土—因位の時の本願に報いあらはれたる淨土極樂淨土のこと。
(二)丹後—下間賴玄、丹後と號す、法名蓮應。蓮位坊の裔、表の奏者役(トリツギ)を務む。
(三)御讚嘆—この比は佛法に關する談話をすべて讚嘆といふた、佛法崇敬の意から御字を附した場合が多い。
(四)先住—存如上人。
(五)聲明—言語音韻等を研究する學問。今は佛前の勤行方式。
(六)常住の衆—本坊に常住する人々。主としては御堂衆。
(七)平座—目下の者と對談するに、上段に坐せず、下段に同坐すること。四三二條を見よ。

ことはなし。志かるに、おれは寒夜にも蚊のおほき夏も平座にて、たれ〴〵のひとにも對して雜談をもするは、佛法の不審をとへかし信をよくとれかしとおぼしめして、御辛勞をもかへりみず御堪忍ある事也。志かるに、(一)さと思ひ入りたるひとは一人もなし。結句、(二)さむきにとく《早》御志づまり《寝》あれかしなんどばかりにて、かたかげにねむりゐたるばかりなり。さらにわがためにかやうに御辛勞をめされ候、とおもふもの一人もなし。又、(おれは)よひ《宵》よりとくぬる《寝》ことひるねなんどもなし。たゞ佛法を(三)たしなみ、大事と思召すばかりなり、と仰せ候ひき。

六　仰せに、親鸞聖人の仰せに、われは人師戒師(四)といふことすまじきと、法然聖人の御前にて御誓言ありけり。まことに殊勝なる御ことなりとて、御感ありけり。また、諸宗には、名聞なくては佛法たゞずといひて、慢

(一)さと—そのとほり。
(二)結句—詩歌の末句、轉じて、事の終。再轉してかへりて、むしろ。
(三)たしなむ—好む。轉じて、豫て心掛く、常に用意する。戒む。
(四)戒師—戒を授くる師。傳戒師とも云。

の字を かきて まもりに かく と いふ なり。されば おほきに かはりたる うしろあはせ なる こと かな、と 言へり。

二九 仰せに、われ 往生して のち、たれの ひと (か) ねんごろに いふべきや、いま いふ ところ なにごとも 金言 なり、よく こころうべし、と くれぐ\ 仰せに 候ひき。

三〇 大身は、小身に 身を もてば、其の家を うしなふ。小人、大人に 身を もてば、その身を うしなふ、と いふ こと あり。

三一 加賀より 出口殿(一) 山科殿(二) まで (諸所にて)の 御作の 御文の 一々に、美濃殿(三)に よませ まゐらせさせ たまひて、のたまはく、おれが ゑたる もの なれども、殊勝 なり とて、御機嫌にて 色々 御雑談共 也。

三二 諸宗の人は、諸堂 神の前にては 禮拝《らいはい》 まきぜに《散錢》 ゑて 信仰するに、こなた宗は、雑行《ざつぎやう》(四)と いひて、をがみも せず そら(五)目にて ある こと、さながら 眞宗(の相)を 他宗に あらは

(一)出口殿—蓮師北國より歸りて後三年間居住の寺河内茨田郡中振郷出口村に在り、光善寺と稱す。
(二)山科殿—現在居住の本寺、山科宇治郡小野庄山科郷野村西中路にあり。
(三)美濃殿—慶聞坊。二一條見よ。
(四)雜行—正行の對、阿彌陀佛と並べて他の佛神をも信仰し、念佛の外に餘の善根をも修すること。
(五)そら目—見て見ぬふりすること。

すこと、御諚にそむく也。しかれば又、これの(一)御本尊(二)御影様《ごえいさま》へをがみやうのそさう《麁相》なること、中々申すに不レ及候。すでに經には、(三)五體を地になげて拝せよとも、また(四)頭面《づめん》に禮《らい》し奉つれともあり。いづれも〳〵ちがひなり、と仰せありけり。

三三　ある時仰せに、(五)おれほど名號かきたる人は、日本にあるまじきぞ、と仰せ候ひき。ときに美濃殿、(六)三國にもまれにあるべく候、と申し上げたまへば、さやうにあるべし、と仰せ候ひき。まことに(七)不思議なる御事也。

三四　上様御夢に、法然聖人親鸞聖人御同行にて、上様も御あとに御同行なり。上様へ對しまし〳〵て、法然聖人ののたまはく、御流こそ誠に繁昌にて候へ。されば、御のぞみのごとくわが衣すみぞめになして候へ、いまこそ(八)一心専念の文にはあひかなひ候へ、とのたまへり、と御ゆめに御覧じて候。不思議におぼしめし、あくる日東

(一)御本尊—阿彌陀佛尊像
(二)御影様—親鸞聖人影像
(三)五體—兩手、兩膝、頭。全身の總稱。
(四)頭面に禮す—對手の前に跪き兩手を延べて掌の半を以て對手の足を承け自己の頭面に接せしむ。五體投地、頭面作禮は天竺の敬禮法なり。
(五)俗門徒の一々にまで名號を書き與へることは蓮師に始まる、四五(一)條參照。
(六)三國—日本・唐土・天竺。
(七)不思議—希代不思議、めづらし。
(八)一心專念の文—『散善義』に、「一心專念彌陀名號、行住坐臥不問時節久近、念々不捨者、是名正定之業、順彼佛願故」とあり。

山知恩院へ 法光(一)を、御使に 參り、なにごとか 御入り ある、(法然)聖人の 御衣は なに色に 御座候 ぞ、見 まゐらせて かへれ、と 仰せ候ひき。法光 歸りまゐりて 申し上げられけり、聖人の御衣は すみ染にて 御座 候、と 申されけり。その時 仰せに、根本 黑衣にて 御入り候を、近年 (二)き《黄》衣に なし申さるゝ こと、いはれぬ事 と、數年 おぼしめしつるに、すみの御衣に なほし 申され候 を御本意 なり とて、その後 東山殿(三)にて、すみぞめには いつ なほし御申しの事(に) 候 哉、と 上樣 たづね御申しの 時、住持 その御返事に、その事にて 候、先年 御出での 時、承りしには、根本 すみぞめの 御衣にて 御座 候はんずる が 御本意のよしを、法印(四) 仰せられ 候ひし 間、かくのごとく なほして候。如レ仰 本は すみぞめにて 候ひしを、(五)たいよ《大譽》の代に 黃衣に なされて 候 を、いま 依レ仰 すみぞめに なほし 申して候、と 御返事の 時、上樣 仰せに、當寺 御繁昌の 瑞相にて

(一)法光―河内久寶寺村の慈願寺法光。
(二)黃衣―香衣といふ、免許を得るにあらざれば着するを得ず。
(三)東山殿―知恩院のこと
(四)法印―蓮師のこと。
(五)大譽―行蓮社慶竺。西譽の弟子。

めでたく候、と仰せ候。又、その時千疋香代をもたせまゐられけり。そのあくる日太内様(一)より御信仰にて、金を過分に御もたせ候あひだ、やがて御堂を造り直し、彌々御繁昌にて候ひき。その後知恩院へ本願寺殿御禮とて御参り候時、御雑談に知恩院申され候ひき、法印の仰せに、必ず繁昌あるべき、と山科殿(二)仰せ候ひしに、そのあくる日太内様より御信仰にていよ〳〵繁昌にて候、と御申しの事にて候ひき。この御ゆめは、文明十九年正月比の御ゆめなり、と延徳年中に御諚候ひき。

三五　延徳四(年)五月大雨にて候ひき。にはかに御上洛あり度とて、御上洛あり。その五ッ時ほとに、出口殿つゝみきれ候。水は御堂なげし《長押》まであがり候。舟をついぢ《築地》(三)のうへをこぎての御上洛、不思議(四)なり、とおしわたし(五)申し事にて候ひし。

三六　延徳四五月初比、大津近松殿にほゝがしは《厚朴》の花五つさ

(一)太内様―禁裏のこと。
(二)山科殿―法印と同じく蓮師のこと。
(三)築地―土手の如く土を高く築きあげたる屏、築墻。
(四)不思議―めづらし、希代の事。
(五)おしわたし―おしならして、一帯に。

きみのなりたるを、御持參ありヽやがて、(一)あそばし候ひき。仰せに、(二)東山慈照院殿には、花一本さきたるを御詠にあそばされけり。

ふたつともみつともさかぬ花なれば
たゞ一乘のほゝがしは哉

とあそばしけり。其のごとく、わが御身もおぼしめしよれりとて、

ほゝの木にみこそなりぬれ世の中に
ひろまる物は彌陀の本願

とあそばされけり。まことに、いつゝさきたる事も不思議なり、たゞ佛法繁昌すべき瑞相なり、と仰せ候ひき。

三七 疫癘、とて人おほく死す。うつるによりてやみも志死することにてはなし、たゞ因果にてやみも志死にもするなり、と仰せありてヽやがて(三)當座にてそのことわりを(四)御文につくりたまひて、順誓御前へ參り候に、やがて

(一)あそばす―寫《し》たまふ、なさる。この記には多く作る、書く、讀む場合に使用してある。
(二)東山慈照院殿―足利義政。慈照院は俗に銀閣寺をいふ。
(三)當座に―其座に當りて即座に。
(四)御文―この御文『五帖御文』四帖目第九通にあり。日附は延德四年六月十日。

三八　あそばしけり。
高田方(一)より 申され事に、卽得(二)と 卽便と 同じくらゐ 也 と 心え候 に、本願寺方に 別なる よし 沙汰(三)候、と 申して、こなたへ かゝりて 申し達すべき よし 申し候、と 內儀(四)に しらせ 候。對して 問答 可レ仕 候 か、いかゞ と、われ〱 罷上り 候事にて 候へば、內儀 うかゞひ申せ かし と、皆々 門徒衆 申す 由、野寺(五) 申され候 處に、仰せに、無益の問答 なり、なにと しても 一人づゝも こなたへは 參るべし、こなたの人 高田へは 不レ可レ行候 なり と。かまへて(六)〱 問答 無益 なり、と 候ひき。

三九　のたまはく、開山聖人の 仰せに、舟に ゑひまします 事 あり。その時、かち《徒》路の ある ところへは、舟には のる《乘》まじき こと 也 と。又、くさびら《草》に すこし ゑひたまふ ことあり。その時も、くさびらは くふまじき もの 也、と 仰せ候ひき。その時より 高田の 顯智(七)は 一期 ふねに のらず、くさびら く

(一)高田方―高田專修寺派
(二)無量壽經に卽得往生、觀無量壽經に卽便往生とあり。
(三)沙汰―うはさ、評判。
(四)內儀―內々のこと、內證。
(五)野寺―三河野寺の本證寺。
(六)かまへて―必ず。
(七)顯智―高田眞佛の弟子宗祖にも面授。延慶三年七月四日寂八十五歲。

はず と いふ なり。されば、暫時に仰せの候ひし をも 信じて（たがへず）候ひき。いま わが御身は、眞實に おもひいれて をしふる こと、なまぎゝに な 信ぜず、と 御述懷にて候ひき。

四〇　加賀の (一)西山殿 御不審に のたまはく、(二)因願は 十念と ちかひましまず、(三)成就の文には 一念と 成ぜられたる をば、なにとこゝろえ申すべきや（と）。されば、乃至と いづれにもある、中を 略する なり。しかれども、聖人の 御流儀は 一念發起 肝要 也、（と 仰せ 候ひき）。

四一　(四)諸行（往生）は、自力にて たのみて こそ、他力も あらはせ、とたてたり。この一流は、はじめ をはり (五)ひしと 他力 也。一心に 彌陀を たのむも、わが かしこくて たのむに あらず過去の (六)宿善に よりて たのむ ゆゑに、はじめ をはり みな他方 なり。

四二　仰せに、たれ か はじめたる ところへ ゆくべき、(七)無始より

（一）西山殿—淨德寺慶恵、號西山、超勝寺如遵の子
（二）因願—第十八願に「至心信樂欲生我國、乃至十念」とあり。
（三）成就の文—第十八願成就の文に「信心歡喜、乃至一念」とあり。
（四）諸行往生—諸善諸行を修して極樂往生を願ふこと。念佛往生に對す。
（五）ひしと—緊《きび》しく、つよく。
（六）宿善—宿世に積み得たる善因。眞宗では彌陀の光明に照されたる利益。
（七）無始—我等の迷ひはその始なきこと。

このかた、むまれぬ ところも なく、うけぬ かたちも なきに このたび 信心を 決定して、淨土へ まゐる は、はじめたる ところ なり、(一)三有の《を》 めぐりたてたる 也 (と)。みな〳〵 老若 祗候の衆 落涙 申す 事 なり。

四三　仰せに、(二)恒河沙の 諸佛の 出世にも あひ、いかほど (三)菩提心をも おこせども、自力 かなはず、無始より このかた 流轉せり。いまも 一心の とほり 聖人の 御すゝめの ごとく 決定 なくば、また 流轉せん こと あさましや、と 仰せ 候ひて その敷居の そなたに、往生する 人 四人か 五人か あるべきか、五人までは あるまじき か、と 仰せ 候ひき。このこと、明應元 十一月廿六日 (四)御非時の 御座にて、わかさ《若狭》の 二郎三郎も (その)人數(の中) なり。しかれば、四人五人(の) 人數にても なくば あさましさよ、と うち案じ 申し候へば、みな〳〵 下向 候へども、くだりも うちわすれ、上様へ 安心を こころえ申したる 分、(五)改悔《がいけ》 申し上げ、下向 可ㇾ申か と、日々

(一)三有—欲界・色界・無色界の三界。有とは因果空しからずして存在するの義。
(二)恒河沙—天竺の恒河《ガンジス》の沙。無數無量の大數をあらはす語。
(三)菩提心—かみ自己の菩提《さとり》を求めしも衆生を化益せんとの心。
(四)非時の御座—午時を過ぎての食事を非時と云。通常非時の席にても法話あり。一〇條參照。
(五)改悔—信仰上の領解をのべること。

夜々に案じ候ひて、十二月二日の夜南殿にて申し上ぐる處に、改悔は御すゝめのごとくに候、さりながら、みな〳〵口には改悔を御すゝめのごとく申せども、こゝろえおちつきかぬる也、改悔ことばのごとくこゝろねあらば、往生すべきなり、よきなり、と仰せ候ひき。

四四　仰せに、(一)加賀のあき《安藝》あやまりをもなほしたるよしを、御門徒ゐてわび候はゞ、ゆるすこともあるべきに、(二)細川の玄蕃の頭へつげて、權家にてわび候あひだゆるさず、と仰せ候ひき。

四五　仰せに、自力の念佛といふは、念佛おほく申して、彌陀にまゐらせて、つみをけしうしなはんとの心也。御一流には、彌陀をたのみまゐらせて、彌陀にたすけられまゐらせてのち、御たすけのありがたさ〳〵とおもひまゐらするこゝろを、口にいだして南無阿彌陀佛と申しまゐらする也。たゞわれをたすけたまへるすがた、すなはち南

(一)加賀のあき―下間安藝法名蓮崇蓮位坊の裔下間氏とは關係なし。吉崎にて蓮師の寵を得たが、加賀一國を亂したるにより破門せらる。三四〇條參照。
(二)細川の玄蕃の頭―細川政元。

無阿彌陀佛 なり と こゝろえて、よろこび まゐらする ばかりなり、と かへすぐ〵 仰せ 候ひき。

四六 仰せに、「(一)遇獲信心 とほく 宿緣を よろこぶ」、と あそばされたり。たま〵〵 と いふは、過去に あふ、と いふ こゝろ也。又、とほく (二)宿緣を よろこぶ と いふは、いまはじめて うる 信心に あらず、過去 遠々より このかたの 御あはれみにて、いま うる 信心 也。されば こそ、いま うる ことは 申すに 及ばず、とほく 宿緣を よろこべ と いふ こと、まことに 不思議の こゝろ なり。志かれば、とほく よろこぶ と いふ こと、こゝろを とゞめて 信仰申すべき 也、と 候ひき。

四七 のたまはく、(三)法然聖人の 仰せに、わが (四)菩提所《ぼだいしょ》を つくるまじき。わがあと《跡》は、稱名の ある處 すなはち わがあと なり、と 仰せ ありけり。また、あとを とふらふ《弔》 と いひて、いはい《位牌》 (五)率都婆 を たつるは、(六)輪廻《りんゑ》する ものゝ する こと 也 と。

(已上、上册終る)

(一)遇獲信心、遠慶宿緣―「文類聚鈔」の文。
(二)宿緣―前世に結びし因緣通常宿善と同意に用ゐらる。三三條見よ。
(三)法然聖人の仰―聖人傳に、御入滅の後は何處を御遺跡とすべきかと法蓮坊尋ね申せしに聖人答へて、跡を一廟に占むれば、遺法普ねからず、わが遺跡は諸州に遍滿すべし。念佛を修せん所は我が遺跡なり、と言はれたと。
(四)菩提所―菩提を弔ふ所。今は影像を安置する廟所。
(五)そとば―塔婆とも、單に塔とも書く、梵語。舍利を藏する爲、供養又は報恩の爲等に建つ。邦俗、石又は木で作れる墓標をソトバといふ。
(六)輪廻―迷界を經めぐること。通常流轉輪廻と連用。

四八　勸修寺(村の)道德(一) 明應二年 正月一日 に 御前へ まゐりたるに、のたまはく、道德は いくつに なる ぞ、道德 念佛 申さるべし。自力(の)念佛と いふは、念佛 おほく 申して 佛に まゐらせ、この 申したる 功德にて 佛の たすけ給はんずる やうに おもうて となふる 也。他力と いふは、彌陀を たのむ 一念の おこる とき、やがて 御たすけに あづかる 也。其の後 念佛 申すは、御たすけ ありたる ありがたさ〱と おもふ こゝろを よろこびて、△南無阿彌陀佛〱と 申す 也。これ おのづから わがちからを くはへざる 心 也。されば、他力とは、他の ちから と いふ 心 也。此の 一念 臨終 まで とほりて 往生する 也、と 仰せ候 也。

四九　仰せに、(二)南無と いふは 歸命 也、歸命と いふは、彌陀を 一念 たのみ まゐらする こゝろ なり。また、(三)發願廻向を いふは、たのむ 機に △やがて 大善大功德を あたへ たまふ なり、その 體 すなはち 南無阿彌陀佛 也、と 仰せ 候ひき。

〇四八―假一、法一

(一)道德―山科勸修寺村西念寺開基。中村氏。明應九年二月寂、八十一歳。

△南無阿彌陀佛―假「南無阿彌陀佛に自力をくはへざる心なり」、法「南無阿彌陀佛〱と申ばかりなり」に作る。

〇四九―假二、法六

(二)「玄義分」六字釋―「言南無者即是歸命、亦是發願廻向之義。言阿彌陀佛者即是其行。」『行卷』歸字の左訓―ヨリタノムナリ、ヨリカヽルナリ。『銘文』―歸命は即ち釋迦彌陀の二尊の勅命に隨ひて召しに叶ふと申す言なり。

(三)發願廻向―如來より說く。『行卷』如來已に發願して衆生の行を廻施し給ふ心なり。衆生往生の行は如來が因位に積み給うた功德善根で、是を六字に攝めて與へ給ふ。

△假法共に南無の二字あり

五〇 加賀(の)願生(一)と又四郎《△覺ゼンノコト》とに對して、信心といふは、彌陀を一念御たすけ候へとたのむとき、やがて御たすけあるすがたを南無阿彌陀佛と申す也。總じて罪はいかほどあるとも、一念の信力(二)にてけ《消》しうし《失》なひたまふなり。されば、「(三)無始已來(三)輪轉六道の妄業、一念南無阿彌陀佛と歸命する、佛智無生の名願力にほろぼされて、涅槃《ねはん》畢竟の眞因はじめてきざすところをさす也」、といふ御言《ことば》をひきたまひて仰せ候ひき。されば、このこゝろを御かけ字にあそばされて、願生にくだされけり。

五一 御つとめ《勤行》のとき、(四)順讃御わすれあり。南殿へ御かへりありて仰せに、聖人御すゝめの和讃あまりに〱殊勝にて(五)あげばをわすれたり、と仰せ候ひき。されば、ありがたき御すゝめを信じて往生するひとすくなしと、御述懷ありけり。

五二 「念(六)稱《聲》是一」といふことしらず、と人申し候とき仰に

○五〇―假三、法七
(一)願生―生字を同音で正性・將など書く。奥羽に行化し羽前高橋村願行寺を開く。永正三年七月寂。
△假法共に又四郎と覺善とを二人とするは誤
(二)信力―罪を消すは願力なれど、信心は發願廻向なれば、轉用したるなり
(三)『淨土眞要鈔』の文。
○五一―假四、法三
(四)順讃―勤行に六首の和讃を次第順に誦す、本を持たず諳誦なり。
(五)あげば―出す所。蓮師調聲を忘れられたるなり
(六)念稱是一―第十八願の十念を善導は十聲と釋せられた、それを『選擇集』に「念聲是一」と說かれた。こゝに聲を稱と書きたは同音にもよるか。

「(一)思ひ 内に あれば、いろ ほかに あらはるゝ」と あるは。されば、信を えたる 體 すなはち 南無阿彌陀佛 なり と こゝろうれば、くちも 心も ひとつ なり。

五三　朝の御つとめに、「五ツの不思議をとく なかに」より「盡十方の無碍光は 無明《むみやう》のやみをてらしつゝ 一念歡喜するひとをかならず 滅度に いたらしむ」と 候(和)讃の 意を 御讃(二)嘆の とき、「光明偏照十方世界」(三)の 文の意と また 「月かげの(四) いたらぬ さとは なけれども ながむる人の 心にぞ すむ」と ある 歌を 引きよせ 御讃嘆、中々 ありがたさ 申す ばかり なし。 また、上様御立《たち》の 御あとにて、北殿様(五)の 仰せに、夜前の御讃嘆 今夜の御讃嘆と を ひきあはせて 仰せ候、ありがたさ 中々 不レ及二是非一候、と 御掟候て、御落涙の 御事ども 也。

五四　三河の教賢 伊勢の空賢とに 對して 仰せに、南無と いふは 歸命、歸命の心は 御たすけ候へ と たのむ 也。 この歸命

(一)『史記』に「思在於内、色形於外」と。
○五三―假六、法二
(二)御讃嘆―假は御法嘆、法は御法談に作る。按ずるに始は一様に讃嘆と稱したが後には御住持に限りて法嘆又は法談と稱し弟子の讃嘆と區別した。
(三)觀無量壽經―「光明偏照十方世界、念佛衆生攝取不捨」。
(四)月かげ―『續千載集』に聖人作として觀經を題として此歌を掲ぐ。
(五)北殿様―實如上人。
○五四―假七、法八

のこゝろやがて發願廻向は(一)△含するなり。

五五 「他力の願行をひさしく身にたもちながら、よしなき自力の執心に(二)ほだされて、いままで流轉しけるなり」、と候。(三)え存ぜず候よし申し上げ候處に、仰せに、きゝわけて、(三)え信ぜぬもの、ことなり、と仰せ候ひき。

五六 「(四)彌陀大悲のむねのうちにかの常沒の衆生みちみちたる」といへるを、不審に候、と(五)福田寺申し上げられ候。仰せに、(六)佛心の蓮華はむねにこそひらくべけれ、はらにあるべきかや。「彌陀の身心の功德(七)法界衆生の身のうちこゝろのそこに入りみつ」ともあり。しかれば、たゞ(八)領解の心中をさしての事なり、と仰せに候ひき。みなみなありがたきよし申上げ候。

五七 十月廿八日逮夜にのたまはく、(九)正信偈和讚をよみて、佛にも聖人にもまゐらせんとおもふか、あさましや。他宗には、つとめ《勤行》をして(一〇)廻向する也。御流には、他力信心をよ

(一)含する―歸命と發願廻向とは離れぬものゆゑ、彌陀をたのめば如來御助けの義が含有せられる。
△含―假法共に咸に作る。
○五五―假六、法二
(二)ほだす―絆す、束縛す。
(三)え存ぜず、え信ぜぬ―えは能くの意、よう知らぬ、よう信ぜぬ、次に必ず否定の語がある。
○五六―假九、法一〇。
(四)「安心決定鈔」の文。佛も衆生も眞如の理體は同一であるが、衆生は迷ひ佛は悟れる故、迷の衆生を悟の佛心内に入れて憐み給ふ、之を同體の大悲と云、通佛敎の說なり。
(五)江洲長澤の福田寺琮俊
(六)法性眞如を蓮華に喩ふ。同體大悲の心蓮は彌陀の胸に聞く。
(七)法界―すべての世界、宇宙。
(八)衆生の信心領解する時佛の大悲心が衆中の心中に滿入し給ふ。
○五七―假一〇、法一一
(九)「山科御坊事」―昔は六時禮讚を朝暮の勤行也。讚念佛は近年の事也、蓮如卅八ばかりの御歲なりと聞え申候。
(一〇)廻向―第三條解見よ。

くしれ と おぼしめして、聖人の和讃に そのこゝろを あそばされたり。ことに 七高僧（一）の 御ねんころなる 御釋の こゝろを 和讃に きゝわくる やうに あそばされて、その恩を よく〳〵 存知して、あらたふとや と 念佛する は、佛恩の御事を 聖人の御前にて よろこび申す こゝろ なり、と くれ〴〵 仰せ候ひき。

六八 仰せに、聖教を よく おぼえたり とも、他力の安心を しかと 決定なくば、いたづら事 也。彌陀を たのむ ところにて 往生 決定と 信じて、ふたごゝろ なく 臨終まで とほり候はゞ みな 往生すべき 也。

六九 明應三 十一月 報恩講の 廿四日 あかつき八ッ時に おきて 聖人の御前に 参拜申して 候ひし に、すこし ねぶり候 うちに、ゆめとも うつゝとも わかず、空善 をがみ申し候 やうは 御《み》づし《厨子》の 後門より、わたを つみ ひろげたる やうなる うちより、上様 あらはれ 御出で ある、と をがみ申す 處に、御相（二）

（一）七高僧—龍樹・天親（天竺）曇鸞・道綽・善導（唐）源信・源空（日本）。
〇〇五八—假一一、法一二
〇〇五九—假一二、法一三
（二）相好—みめかたち、容貌、面貌。

好　開山聖人にて　おはします。あら　不思議や　と　おもひ、やがて　みづしのうちを　をがみ申せば、聖人　御座なし。さては開山聖人　上様に　現じ　まし〳〵て、御一流を　御再興にて　御座候、と　まうしいだすべき　と　存ずる　ところに、慶聞坊の御讃嘆に、聖人の御流儀は、「たとへば　木石の　縁を　まちて火を　生じ、瓦礫の　鉶(一)を　すりて　玉を　なすが　ごとし」と、御(二)式のうへを　讃嘆　ある　と　おぼえて、夢　さめて　候。さては開山聖人の　御再誕　と、それより　信仰申す　事にて　候ひき。

六〇　明(應)四年（十）一月十九日　富田殿(三)より　上様　御上洛にて仰せに、當年より　ひそやかに　御佛事を　御沙汰　ありたき、との　御事。頭人は　まへの日　のぼりて、次の日　下るべし　と、御定め　あり、御堂には　常住衆と　頭人の衆　ばかり　とまるべし　との　御事。

六一　敎化する　ひと、まづ　信心を　よく　決定して、そのうへにて聖敎を　よみ　かたらば、きく人も　信を　とるべし。

(一)鉶—「類聚名義鈔」に「鉶音誕、平金之器」、石や玉を磨くやすり。
(二)御式のうへ—報恩講式の文。縁と鉶とを聖人の化導に、火と玉とを往生成佛に喩へる。
○六〇—假一三、法一四
(三)富田殿—攝州島上郡富田御坊。創立年時未詳。敎行寺と稱す。
○六一—假一三、法一四

六二　仰せに、彌陀を　たのみて　御たすけを　決定して、御たすけの　ありがたさ　たふとさよ　と、よろこぶ　こゝろ　あれば、その　うれしさに　念佛申す　ばかり　なり。　すなはち　これ　佛恩報謝　なり。

六三　大津　近松殿に　對しまし〳〵て　のたまはく、信心を　よく決定して、人にも　とらせよ、と　仰せ　候ひき。

六四　十二月六日に　富田殿へ　御下向にて　候間、五日の夜は　大勢御前へ　參り候に、仰せに、今夜は　なに事に　人　おほく　きたりたる　ぞ　と。　順誓　申され事に、此の間の　聽聞申す　ありがたさの　御禮の　ため、又、明日　御下向にて　御座候。春は　御目に　かゝり申すべし　かの　あひだ、歳末の御禮（の　ため　なんど　申しあげられけり。　そのとき　仰せに、無益の　歳末の　禮　かな。　歳末の　禮）には　信心を　とりて　禮に　せよ、と　仰せ　候ひき。

六五　仰せに、とき〴〵【(一)】懈怠《けたい》する　こと　あるとも(き)、往生す　まじき

〇六二―假一四、法一五
〇六三―假一五、法一六
〇六四―假一六、法一七
〇六五―假一七、法一八
(一)懈怠―報恩の念佛を懈ること。

か と (一)うたがひ なげく こと ある もの あるべし、志かれども はや 彌陀如來を ひとたび たのみ まゐらせて、往生 決定の のち なれば、懈怠おほう《多》なる ことの あさましや、かゝる懈怠おほうなる もの なれど、御たすけは 治定 なり、ありがたやく と よろこぶ 心を、(二)他力大行の催促 なり と まうす、と 仰せ 候ひき。

六六 御たすけ ありたる 事の ありがたさよ と、念佛 可レ申 候 や、又、御たすけ あらうず ことの ありがたさよ と、念佛 申すべく 候 や、と 申上げゝ 時 仰せに、いづれも よし。 たゞし、(三)正定聚のかたは、御たすけ ありたる と よろこぶ こゝろ (四)滅度(の) さとりの 方は、御たすけ あらうず ことの ありがたさよ と 申す 心 なり。 いづれも 佛に なる ことを よろこぶ こゝろ、よし、と 仰せ 候ひき。

六七 明應五年 正月廿三日に 富田殿より 御上洛 ありて、言《のたまは》く、當年より いよく 信心なき 人には 御あひ あるまじき と

(一)うたがひ——一念安心の上の疑ではない。『執持鈔』にち「行業オロソカ也トテ疑フベカラズ」とあり。懈怠を知りて卒爾に起る思ひなり。

(二)他力大行の催促——『口傳鈔』には「他力催促ノ大行」とある。今は他力廻向の大行、南無阿彌陀佛を稱へよ、との如來の御催促。

○六六——假一八、法一九

(三)正定聚——眞實信心を獲た人は直に正定聚に住す。現在の利益。正定聚とは淨土往生と正しく定まりた人々。この地位のよろこびを慶喜といふ。

(四)滅度——涅槃の譯語、煩惱の流を渡り生死の患を滅した悟の事、死後の利益。將來得べきことを豫てよろこぶ、これを歡喜といふ。

○六七——假一九、法二〇

かたく仰せ候ひき。安心の通りいよ〳〵仰せきかせられて、又、誓願寺(一)に能をさせられけり。二月十七日にやがて富田殿へ御下向ありて、三月廿七日に堺殿(二)より御上洛にて、廿八日に言く、自信教人信のこゝろを仰せきかせられんがために、上下辛勞なれども、御出であるところは、信をとりよろこぶよしまうすほどに、うれしさに又上りたり、と仰せ候ひき。

六八　四月九日に言く、安心をとりてものをいはゞよし、用ないことをばいふまじきなり、一心のところをよく人にもいへ、と空善に御掟なり。同十二日堺殿へ御下向あり。

六九　七月廿日御上洛にて、その日のたまはく、「五濁(三)悪世のわれらこそ金剛(四)の信心ばかりにて、ながく生死をすてはてて、自然(五)の淨土にいたるなれ」、このつぎをも御讃嘆ありてこの二首の(和)讃のこゝろをいひてきかせんとてのぼりたり、と仰せ候ひき。さて、自然(五)の淨土にいたる也、な

(一)誓願寺—謡曲の名とし又所の名とする説あれど人を指すなるべし。誓願寺了祐か。十條見よ。
(二)堺殿—信証院といふ、堺の北ノ庄、今の眞宗寺の地にあり。
〇六八—假二〇、二一、法二一、二二
〇六九—假二二、法二三
(三)五濁—悪世に起る五種のをどみ。劫濁（時節濁り災害多し）、見濁（悪意見蔓る）、煩悩濁（貪瞋等の煩悩起る）、衆生濁（果報衰へ身小劣弱）、命濁（短命）の五。
(四)金剛の信心—信心堅固なるを金剛に喩へる。
(五)自然の淨土—願力自然の道理であらはれた淨土

がく生死を　へだて　けり。さて〳〵　あら〳〵、おもしろや〳〵、と　くれ〴〵　御諚　ありけり。

七〇　言く、南無の　无の字は、聖人(一)の　御流儀に　かぎりて　あそばしけり(と)。南无阿彌陀佛を　でい《(二)泥》にて　うつさせられて、御座敷に　かけさせられて、のたまひける　は、(三)不可思議光佛　(四)無碍光佛も　この南无阿彌陀佛を　ほめたまふ　徳號　なり。志かれば　南无阿彌陀佛を　本と　すべし、と　仰せ　候ひき。

七一　「十方無量の諸佛の　(五)證誠《しようじやう》護念の　みことにて　自力の大菩提心の　かなはぬ　ほどは　しりぬべし」。この讃のこゝろを　△彌陀に歸(六)せらるゝ　ことよ。されば、諸佛は　彌陀に　歸せらるゝを　能(七)と　志たまへり　と。

七二　世の中に　(八)あまのこゝろを　すてよ　かし
　　めうしのつのは　さも　あらば　あれ

これは　御開山の　御詠歌　なり。されば、かたちは　いらぬ　と

○七〇―假二三、法二四
(一)聖人の御流儀―宗祖は南無の無字を无と書かれた。
(二)でい―紺紙に六字の郭を作り郭内を金泥で塗る。之をウツボ字の本尊といふ。
(三)不可思議光佛―南無不可思議光如來、九字名號といふ。曇鸞大師作る所。
(四)無碍光佛―歸命盡十方無碍光如來、十字名號といふ。天親菩薩に創まる。
○七一―假二四、法二五
(五)證誠護念―阿彌陀經に諸佛が念佛の衆生を證誠し護念し給ふことを說けり。
△彌陀巳下十七字假法なし。
(六)歸す―歸人の義。萬川大海に入る如く十方諸佛は彌陀一佛にをさまる。
(七)能―衆生濟度の能事。
(八)あまのこゝろ―髮を落して尼となり殊勝ぶりするこゝろ。
○七二―假二四、二五、法二五、二六

一心を 本とすべきと 也。世にも、「（一）かうべを そると いへども こゝろを そらず」、といふ ことが あるは、と 仰せ 候ひき。

（二）鳥部野を おもひやる こそ あはれ なれ
ゆかりの ひとの あとゝ おもへば

これも 聖人の 御歌。

十三 （三）御兒《ちご》様 御得度、八月十五日 彼岸の 結願 なり。ときに 北（四）殿 事の外に 御辭退の よし、南殿へ 御申し事に、開山聖人の 御家を つぎ 御留守まうす 事は、器量 なくては 一大事にて ゆへば、われさへ 御隱居 ありたく候に、（五）あこが事は これさ まにて 法師に 御なし 候て、との 二三度まで （六）三位殿して 南殿へ 御申しゆ ところに、御諚に、昔より その例 ある 事を、勿躰《(いはれ)》なし、その上 器量は いらぬ ヿ 也、それは わたくし なり、と 御述懷どもにて 御座 候ひき。しかれば、靑蓮院殿に て 佳例に まかせ 御得度 なり。八月十五日 名月の 夜 八つ

（一）惠心僧都の六道講式にも「タマ〳〵髮ヲソルト雖モ心ヲソラズ衣ヲ染ムレドモ心ヲ染メズ」とあり。
（二）鳥部野―京都の東南、東山の麓にありし墓所。
○七三―假法共になし
（三）御兒様―實如長子、童名光髙丸、法名照如、明應九年寂、廿二歲。
（四）北殿―實如。
（五）あこ―吾子歟。他本阿古又は阿子に作る。
（六）三位殿―近松顯證寺蓮淳。

時に御かへりあり。南殿樣近松殿も御大慶無二申計一御座候。(一)御坊樣照如樣南殿へ御參りの事也。やがてそのあかつき(上樣)堺殿へ御下向ありけり。

七四　明應五年九月廿日御開山の御影樣空善に御免、中々ありがたさ申すにかぎりなきとなり。

七五　同十一月報恩講の廿五日に、御開山の御傳を(二)聖人の御まへにて上樣あそばされて、いろ〱御△讚嘆、なか〱ありがたさ無二申計一候。

七六　明應六年四月十六日御上洛にて、その日(三)御開山聖人の御影の正本、あつがみ△一枚に、御自ラの御筆にて御座候とて上樣御手に御ひろげ候て、みなにをがませたまへり。この正本、誠に宿善なくては、え拜見申さぬ事なり、と仰せ候ひき。△つぎに法然聖人の御筆の名號ぼき《(四)慕歸》の繪いづれも同時に拜見申し候ひき。

七七　言く、「(五)諸佛(六)三業莊嚴《さんごふしやうごん》して畢竟平等なることは、衆生虚誑

(一)御坊樣—北殿實如。
○七四—假二六、法二七
○七五—假二七、法二八
(二)聖人の御前—安置の影像の前。
△讚嘆—假「法嘆」、法「法談」に作る。
○七六—假二八、法二九
(三)鏡の御影の事歟。これは長さ一尺八寸餘、信實の息專阿彌陀佛の描く所安城御影は長四尺三寸の大幅なり。
△一枚に—法「つゝませ」四字を加ふ
△つぎに巳下—假法共になし。
(四)慕歸繪—覺如上人の傳繪は藤原隆章同隆昌の筆繪詞は覺如次男從覺の作
○七七—假二九、法三〇
(五)諸佛—彌陀のこと。彌陀を諸佛といふ譯は、諸佛が彌陀に歸入してその自利利他の德を全うし給ふからである。
(六)三業莊嚴—彌陀が因位の修業で煩惱惡業を離れ身口意の三業を淸淨にして果上の三業をかざり殘る所なく平等に仕上げ給ふこと。

の身口意を治せんがためとのべたまふ」といふは、諸佛の彌陀に歸して衆生をたすけらるゝことよ、と仰せ候ひき。

七八　一念の信心を得てのちの相續といふは、さらに別にあらず、はじめ發起するところの△安心に相續せられて、たふとくなる一念の心のとほるを、(一)憶念の心つねにとも佛恩報謝ともいふなり。いよ〱、一念發起する事肝要なり、と仰せ候ひき。

七九　言く、朝夕正信偈和讃にて念佛まうす(は)、往生のたねになるべきか、たねにはなるまじきか、とおの〱坊主(衆)に御たづねあり。みな申されけるは、往生のたねになるべし、とまうしたるひともあり、往生のたねにはなるまじき、といふ人もありけるとき、仰せに、いづれもわろし。正信偈和讃は、衆生の彌陀如來を一念にたのみまゐらせて、後生たすかりまうせ、とのことわりをあそばされ

○七八―假三〇、法三一
△安心に―法「安心を」とす。
(一)憶念―憶は失はず心に持つこと、念は忘れず覺えて居ること。
○七九―假三一、法三二

たり。よく きゝわけて 信を とりて、ありがたや〱 と、聖人の御まへにて 念佛まうし よろこぶ 事 なり、と くれ〲 仰せ 候ひき。

〔八〇〕 南無阿彌陀佛の六字を 他宗には、大善大功德にて ある あひだ、となへて、この功德を 諸佛 菩薩 諸天 に まゐらせて、その功德を わがものに する なり。一流には さ《然》なし。この六字の名號 わがものにて ありて こそ、となへて 佛菩薩に まゐらすべけれ。一念 一心に 後生 たすけたまへ と たのめば、やがて 御たすけに あづかる ことの ありがたや〱 と 申す ばかり なり、と 仰せ 候ひき。

〔八一〕 (二)細川大信《(心)》(院)殿を みな 人 申し候、聖德太子の 化身と 申す、そのゆゑは 觀音と 八幡との 申《シ》子にて あり。細川九郎殿 十二の年に 丹波 一ノ宮が 九郎殿を ぬすみ くだり 候。その夜の あかつき、あたご《愛宕》より の ゆめに いはく、

君が代を 久しかれ とぞ いのりける

〔八〇〕—假三二、法三三
〔八一〕—假法共になし
(二)細川大心院殿—細川九郎政元、幼名小法師、號大心院。

念彼觀音の 力《りき》に まかせて

細川九郎殿 ゆめに 返歌 あり、

白たへの 雪は つもれど やはた山

ゆくへ 久しく 神に まかせん

と よまれけり。 されば、(一)龍安寺どの 臨終の とき あきば《秋庭》を めして、われ 死す とも、小法師が ある ほどに、家は くるしかる まじきぞ、そのゆゑは、觀音に いのり申す あかつき、われは 聖德太子ぞ と 仰せられて、はゝが口へ とび入り たまふ、その夜より 懷姙の 子なり、と いひける なり。 かやうの人 なれば こそ、こなたの 守護に なりて 候へ。(二)加賀の國の 中たが《違》ひを も われに まかせよ とて、これと かの門徒の中を なほし、永代の 御門徒の よし まで 申し(三)さた《沙汰》 しけり、と 仰せ 候ひき。

八二 三河の國より あさゐの後室 御いとまごひに とて まゐりて 候に、富田殿へ 御下向の あしたの 事 なれば、事のほか

(一)龍安寺殿—細川勝元、龍安寺と號す。
(二)加賀の國の中違—三六一條に記する門徒破門の事歟。
(三)沙汰—處分する事。
○八二—假三三、法三四

の御とりみだしにて御座候に、仰せに、名號をたゞとなへて佛にまゐらするこゝろにてはゆめ〳〵なし。阿彌陀佛をしかと御たすけ候へとたのみまゐらすれば、やがて佛の御たすけにあづかるを、南無阿彌陀佛とまうすなり。しかれば、御たすけにあづかりたる事のありがたさよ〳〵とおもひまゐらするを、口にいだして、南無阿彌陀佛〳〵とまうすを、佛恩を報ずると申すことなり、と仰せ候ひき。

〔八三〕 順誓申し上げられ候、一念發起のところにて、つみみな消滅して、正定聚不退のくらゐにさだまる、と御文（一）にあそばされたり。しかるに、罪（二）はいのちのあるあひだ、つみもあるべし、と仰せ候、御文と別にきこえ申し候や、と申上げ候時仰せに、一念のところにて罪みなきえてとあるは、一念の信力にて往生さだまるときは、つみはさはりとならず、さればなきぶん《分》（三）なり。今娑婆にあらんかぎ

〇八三—假三四、三五
（一）御文—五帖目第五通「無始已來ツクリト造ル惡業煩惱ヲ殘ル所モナク願力不思議ヲモテ消滅スルイハレアルガ故ニ正定聚不退ノ位ニ住ス」。その他にもあり。
（二）蓮師常々の仰なり。既に『一念多念文意』に「凡夫トイフハ無明煩惱ワレラガ身ニミチミチテ欲モ多ク怒リ腹立チ妬ミ嫉ム心多ク、ヒマナク臨終ノ一念ニ至ルマデ止マラズ消エズ絶エズ」とあり。
（三）分—分際。假りに定まるものの義。

りは つみは つくる 也。順誓は はや さとりて つみは なきかや。聖敎には、一念の ところにて 罪 きえて、と かく《書》 なり、と 仰せ 候ひき。つみの ありなしの さた《沙汰》を せん よりは、信心を とりたる か とらざる か の さた、いくたびも〱 よし。つみ きえて 御たすけ あらん とも、つみ きえずして 御たすけ あるべし とも、彌陀の 御はからひ なり、(衆生の方には) はからふべからず、たゞ 信心 肝要 なり、と くれ〲 仰せられ 候ひき。

八四 「眞實信心の稱名は 彌陀廻向の法 なれば、(一)不廻向 となづけてぞ、自力の稱念 きらはるゝ」と いふは、彌陀の かたより たのむ こゝろも、たふとや ありがたや と 念佛申す こゝろも、みな あたへ たまふ ゆゑに、とやせん かくやせん と はからうて 念佛申す は、自力 なれば、きらふ なり、と 仰せ 候ひき。

八五 (二)無生の生 とは、極樂の生は 三界へ めぐる 心 にて あら

〇八四―叟三五、法三六
（一）不廻向―『選擇集』に念佛と諸行との五番の對待を擧ける中に他力念佛を不廻向とす。凡夫より廻向する要をせぬなり。
〇八五―假三六、法三七
（二）無生の生―『論註』に「彼の淨土は彌陀如來の淸淨本願無生の生なり、三有虛妄の生の如きに非ず」本來は無生無滅の事なれど、今は心易く示された。『和讚』無生の左訓にも六道ノ生ヲ離レタル生ナリとある。

ざれば、極樂の生は 無生の生と いふ なり。

八六 廻向(二)と いふは、彌陀如來の 衆生を 御たすけ あるを いふ なり、と 仰せられ 候ひき。

八七 仰せに、一念發起の機△(四) 往生は 決定 なり。つみ けして たすけ たまはん とも、つみ けさずして たすけ 給はん とも、彌陀如來の 御はからひ なり、罪の さた《沙汰》 無益 なり、たゞ たのむ衆生を 本に たすけ たまふ 事 なり、と 仰せられ 候ひき。

八八 仰せに、身を すてゝ 平座にて みなと 同座するは、聖人の 仰せに、四海(三)の 信心の人は みな 兄弟 なり、と 仰せられたれば、われも その御ことばの ごとく なり。又、同座をも ゐて あらば、不審なる 事をも とへ かし、信を よく とれ かし との ねがひ なり、と 仰せ 候ひき。

八九 仰せに、おれは 門徒に もたれたり と。ひとへに 門徒に やしなはるゝ なり。聖人(四)の 仰せには、弟子 一人も もたず

〇八六—假三七、法三八
(一)廻向—彌陀の發願廻向
〇八七—假三八、法三九
△機—假「時」に、法「議」に
(二)機—機發の義。縁に遇うて發動すべき心機。
〇八八—假三九、法四〇
(三)『論註』—「同一念佛別の道なき故に、遠く通ずるに夫れ四海の内みな兄弟たるなり」。宗祖は所々に引用せられた。
〇八九—假法なし
(四)『改邪鈔』に「祖師ノ仰セニハ、某ハ全ク弟子一人モモタズ……ミナ子トモノ同行ナリ、ワタクシノ弟子ニアラズ」。

と。たゞともの同行なり、と仰せ候ひき、となり。

九〇 (一)「愛欲の廣海に沈沒し、名利の大山に迷惑して、定聚のかずにいることをよろこばず、眞證の證にちかづくことをたのしまず」とまうす沙汰に、不審のあつかひどもにて、往生せんずるか、すまじきかなんど、たがひに申しあひけるを、ものごしにきこしめされて、愛欲も名利もみな煩惱也、されば機のあつかひをするは(二)雜修なり、と仰せ候ひき。

九一 夕さりに、案内をも申さず、ひとぐ〵おほくまゐりたるを美濃殿、みなまかり出でゆへ、とあらく〵と御申し候處に、仰せに、さやうにいはんことばにて、一念の事をいひてきかせてかへせかしと。東西をはしりまはりてもいひたき事也、と仰せゆ時、慶聞坊なみだをながし、あやまりて候とて、御讃嘆ありけり。皆々落淚申す事かぎりなかりけり。

○九〇―假四〇、法四一
(一)本典『信卷』の文。
(二)雜修―善導元祖の上では正行即ち專修、雜行即ち雜修であるが、鸞師は一層細別して、正行雜行と相對し、正行中に專修雜修を分たれた。それで雜行は行體についての失、雜修は行者の機の上の失とせられた。
○九一―假四一、法四二

九二　明應六 十月十四日に 御壽像(一) 御免にて、同十八日 御うらがき、大上様 富田殿にて あそばされて、十九日 野村殿(二)の 御目に 入れ申しゆ ところに、野村殿の 仰せに、おれに のぞむ所の 泥佛(三)の 六字の名號(も とて)、御うらがき めされ くだし たまはり、頂戴 申して 候ひき。

九三　明應六 十一月 報恩講に 御上洛 なくゆ 間、法敬坊 御使として、當年は 御在國にて 御座ゆ 間、御講を 何と 御さた《沙汰》あるべきや、と たづね御申し 候に、當年より 夕べの六ッ時 朝の六ッ時を かぎり、みな 退散 あるべし、との 御文(四)をつくりて、かくのごとく めされべき よし、御さだめ あり。御堂の とまり衆も、その日の 頭人 ばかり、と 御定め なり。又、大上様は、七日の御講の うちを、富田殿にて 三日 御つとめ ありて、廿四日には 大坂殿(五)へ 御下向にて、大坂殿にて 四日の 御勤行 なり。

九四　同七年の 夏より また 御違例(六)にて 御座ゆ 間、五月七日に

○九二―假法なし
(一)壽像―生存中の影像、今は蓮師の。
(二)野村殿―山科野村御坊の實如上人。本年より蓮師は大坂御坊に御居住ゆゑ、山科にて實如を上様と稱し、從つて蓮師を大上様と稱す。
(三)泥佛―金泥ウツボ字本尊。
○九三―假四二、法四三
(四)この御文『蓮如上人遺文』第一三四通にあり。
(五)大坂殿―大坂御坊は明應五年九月廿九日建築に着手し、十月一先づ落成。翌六年十一月に周備す。
○九四―假四三、法四四
(六)違例―病氣。

御いとまごひに 聖人へ 御まゐり あり度、と 仰せられて、御上洛にて、やがて 仰せに、信心なき人には (一)ふつと あふまじきと。信の ある ものには めしても みたく 候、あふべし。

(已上、中册終る)

九五 ある時 仰せに、わが御身の 御母は 西國の人 なり とき ゝ及びゅ ほどに、空善を たのみ、はりま《播磨》まで なりとも くだりたき なり。わが母は 我が身 六ッの年に すて ゝ 行きかた志らざりしに、年はるか 後に、(二)備後に ある よし、四條の道場より きこえぬ。これに よりて、はりまへ くだりたき といひけれぱ、空善 はしりまはり (三)造作しゅ よし 候、命 あらば ひとたび くだりたき なり、と 仰せ 候ひき。

九六 御堂衆 信心 いかにも よく とられて 候らん と、田舎の人は、いきほとけの やうに おもふ なり。志かるに 無道心なり、あさましき事 なり。

九七 仰せに、信を 志かと とりたる ひと すくなし。その時 南

(一)ふつと―たえて、ふッつりと。
(二)備後―『仰條々』に「我ハ九州豐(備か)後國ノトモ(鞆か)ト云所ノ者ナリ」とあり。
(三)造作し候―『一期記』に修補して「造作シテ播磨ノ英賀《アガ》ノ坊ヲ立テ」とあり。

殿の御えん《縁》へ をはり《尾張》の巧念 まゐられける を、やがて 仰せに、あの巧念 なんど こそ、よく〱 するゐの 人 なれども、信をとり、河野九門徒(一)をも とりたて なんど しければ、するゐずゐの もの なれども、信心の あるに よりて、座敷(二)をも あげたり。よく〱 御こゝろえ あれ、と 北殿へ 仰せられけり。

九八 信の なき ものを みれば、ひとへに かなしき なり。また佛法を わろく あつかひ ふるまひ、佛法の あた《仇》を なす ひとを きけば、やむ《病》より なほ かなしき なり。

九九 信心決定する 段(三)をば つぎに して、御恩 しれ、と みないひけり。御恩を しれ と いはん よりは、信心決定して うへには、只 あら たふとや〱 ありがたや、と おもふ こゝろを もちて、念佛 まうす、すなはち これ 佛恩なり、と 仰せ候ひき。

一〇〇 仰せに、衣(四) 墨ぐろに する こと しか あるべからず。衣はねずみ色 なり。凡夫にて 在家にての 一宗 御興行 なれば、

(一)河野九門徒—美濃尾張の境にある親鸞上人の舊跡九ケ寺。
(二)座敷をあぐ—上席に置く。
(三)段—件(クダリ)、廉(カド)。
(四)衣墨ぐろ—『作法次第』に「衣の色はうす墨にて可古《カコ》の敎信の意巧を本と御まなびにて候と也。開山聖人仰にて實如上人の御時までもうす墨にて侍りし。近代は末々の人まで黑衣になり候」。

いづく までも うへ 志た たふとげ せず。衣の袖を ながく たけをも ながく すべからず、と 仰せ 候ひき。

一〇一 信のなき ものに あふまじき、と いへば、おれを (一)二そく《束》三まい《枚》に 志て、おさへて わがまへゝ 信の なき ものを つれてくる(よ)、と 仰せ 候ひき。

一〇二 六月十三日 あかつきに、(二)前住様より これの小五郎を 御使にて、(三)猿樂を するぞ、みよ、と 仰せゆ 間、畏ッて 候 よし 申しゆ ところに、そのあくる日 堺衆 能を 志たき と いひて、大勢 上りゆ 間、十五日には 北殿 させられ 候、十六日には 坊主(衆) させ 候。又、その能に うぐひすの 鳥ざし《(しら)》の 狂言を 色くろ四郎二郎 仕 候。太刀刀の おつるも いはず、ひとの 志かるも 耳に いらず、鳥を さすに 念の いりたる を 御覧じて、世間 かり《假》の 事にも 念力を いれねば ならず。されば、佛法も あのごとく 念を いれて(四) こそ、と おもしろく おぼしめして、あくる日の 能にも めしかへて、鶯の 狂言 さ

(一)二束三枚—二束三文と同意。物の價の安きこと。
(二)前住様—蓮如上人。
(三)猿樂—能と同意に用ゐられる。
(四)めしかへる—番組を替へる。

せられけり。

一〇三 七月(七日)に 光闡坊様(一) 御上洛 候 ところに、仰せに、よく上りたり、必ず わが身 往生すべき なり、いま一度 いきがほを みでは、と 仰せ 候ひき。 御坊様 御涙 ばかり 也。

一〇四 われ 信を とりて、人にも 信を とらせよ。 われは 奥州へ御下向の 時、前下向に 一人 聴聞して よろこびし その人、もし あるや、と 御たづね あり、夫婦 ともに 信を えて よろこぶ よし きこしめして、二日路の あひだを 御下向 あり。志かるに、かのあるじ 申し事に、御下向は かたじけなきに、なにを くご《(二)供御》に そなへ申すべき、と かなしみけり。 きこしめ《聞召》して、なんぢらは なにを 食する ぞ、と 御たづね あり。 ひえ《稗》と 申す 物ばかり たべゆ よし、申しゆ とき、なんぢらが志よくする《食》 物を こしらへて まゐらせよ、と 仰せゆ 間、ひえのかゆ《粥》を きこしめして、一夜 御かたり ありて、きかせけり、と 仰せ 候ひき。 されば、かやうに 御身を すて 御辛労

(一)光闡坊—加賀山田の光教寺康兼法名蓮誓、光闡坊と稱す。蓮師第四男、實如の異母兄。
(二)くご(供御)—食膳。もとは天子に供する食物をいふ。

ありて、御すゝめ ありたる 御事、と 思ひ たてまつりて を るし 申しゝ 也。

一〇五 (一)四月 初頃より 去年のごとく また 御違例にて、慶道 御薬《くす》師《し》に まゐり候。(二)十七日には (三)なからゐ《半井》 参り候。十九日には (四)板坂 参り候。きこしめしゝ 物は おもゆ ばかり 也。

一〇六 (五)五月廿五日 御堂へ 御まゐり あり。同廿八日には、かたく みな〳〵 御申しゝ 間、朝には 御出で なし、御日中には 御参り ありて、御式を 一段 あそばされて、つぎより 御坊様 あそばされけり。五月七日より 六月一日まで(に)、六日 御参り なし。六日 (六)姉ガ小路殿、(七)上池院を めし具し、御下向 ありけり。

一〇七 御堂の 南の座がしらに わが御身 御なほり 候て、(八)北の いつもの 御座敷に 北殿を なほし御申し ありけり。

一〇八 あるとき、御のりものにて 御つとめへ 御参り ありて、御

(一)以下は明應七年五月七日以後の事を再記す。御病状記ともいふべし。前に六月十三日の記事（一〇二條）あるが夫より前に遡りて記す。
(二)十七日—五月十七日ならん。
(三)なからゐ—半井明英、正三位宮内少輔。昇殿を許さる。
(四)板坂—板坂左近將監。疾を視ること神に入るといふ。
(五)廿五日—法然上人御命日、日中勤行あり。
(六)姉小路殿—姉小路基綱蓮師第三繼室法名宗如の弟。
(七)上池院—醫術に長ぜるを以て上池院の勅號を賜はる。
(八)北の御座敷—南よりは上座也。

門徒衆 なごりをしき とて、うしろさまに 御輿を かゝせ、御かへり ありけり。

一〇九 明應七年 閏十月十六日 参り候(一) 夜、御文を 十通ばかり 慶聞坊に よませられ たまひて、一念の 信心を 志かと とりつめ候へ、と 色々 仰せ 候ひき。

一一〇 この大坂殿の こと 建立する は、もし 信心の人も いでき候へ かし、と おもひて なす なり。されば、三井寺(二) やけゝれば、再興して 繁昌しけり。そのとき、寺法師の夢に、これによりて 生死 はなるゝ こと 肝要 也、されば やけたる にて後生のこと 思ふ もの いかほども あり、寺 建立 よりも 後生 たすかる やうに 建立したき よし、(新羅明神(三)の 御本意なり と)、ゆめにも あり。其のごとく、寺中 繁昌する とも、たゞ 信心を とる 人 なくば、何の 篇(四)も なし、と 仰せ候ひき。

一一一 この流儀 在家にて 建立ある にて、平等 繁昌する なり、と 仰せ 候ひき。

(一)参り候―空善山科より大坂殿へ参る也。蓮師は七月七日以後閏十月十六日までの間に大坂殿へ御帰りと見ゆ。
(二)三井寺の事『諸神本懐集』に記せり。
(三)新羅明神は三井寺の守護神、叡山の山王の如し。
(四)篇―篇目の略、廉の義に用ゐる。所詮。

一二二 (一)改悔《がいけ》せよ と いへども、心中を ありのまゝに いはざる ものは、まことに 無宿善 なり、と 仰せ 候ひき。

一二三 御文のこと、文言 をかしく てには《天爾波》 わろく とも、もし 一人も 信を えよ かし、と おもふ ばかり にて、あそばしおく なり、てにはの わろきを おれが とが と いへ。

一二四 十二月 まゐりゆ ところに、よく 下りたり、と 仰せ 候ひき。その夜 (二)教行證の名目の ごとくなる 御文を 慶聞坊に よませられ たまひて、色々 仰せ 候ひき。ありがたさ 無㆓申計㆒事也。

一二五 あるとき、御(三)さま《狹間》(障子)の うちへ め《召》して、あかぬは 君の 仰せ、と いふ 事が あるは、と ばかり 仰せられて、やがて ゐるり《圍爐裏》に 御足を あぶり 御しん《寢》 ありけり、野村殿様 南の御座敷に 御座 ありけり。(四)御歡樂 御事の うち。

一二六 信心を えたる 人は わが御身の おとゝ《弟》 なり、と 仰せ 候ひき。

(一)改悔—信仰上の領解を述べること。
(二)教行證の名目—教行信證大意の事歟。
(三)さま障子—小間をあけた障子。
(四)歡樂—病氣。此時代の用語。後には冠落と書きたるもあり。病といふを嫌うて反覆の語を用ゐた

二七　明應八年 二月に、御往生 一定にて 御座 あるべき やうに御談合にて、御葬所 御用意 あり。 然るに、俄かに 御談合 かはり、山科殿へ 御上洛 候て、御往生 あるべき よし とて、はや 御日どり 十八日に 御さだめ あり。 然れば、御さう《(一)左右》の ために 空善 上るべき よし 仰せ出され候 間、十六日 まかり上り 申上げ 候、御むかひ 御用意 ども なり。 志かれば、同十八日に 御たちにて、 三日のあひだ 御こし《輿》にて、 いかにも志づかに 御上洛、廿日に 野村殿様へ 御着き あり。

二八　同廿一日に 御影様へ 御参り あり、御まへにて 仰せに、御目に か ゝる 事 かたく 存じ候 處に、只今 御目に か ゝり 申す 事、中々 ありがたさ 無二申計一 候、と 仰せ 候ひき。 同廿二日には、御往生 めさるべき 御所 とて、御造作 させられけり。

二九　同廿五日には、まはりの どゐ《(二)土居》を 御覧 あり。 ほり《堀》のうへを御のりものに か ゝれさせ たまひて、御めぐり あり。 伊勢の

(一)さう(左右)―とかくのしらせ。
(二)どゐ(土居)―土の垣、土手。

宿の どゐにて 御こし たち(一)、水を きこしめしけり。御ために とて あたらしき 茶碗 空善 もちて 候、をりふし 御用に たち、ありがたさ 申す計り なく 候ひき。

三〇 同廿七日 また 御堂へ 御參り あり。御かへりの とき、御門徒の人々 名ごりをしき とて、御のりものを うしろさまに かゝせられて、諸萬人を 御覽 ありけり。 また廿九日にも、ほりのどゐへ 御出で ありけり。

三一 三月一日には、北殿樣へ 御出で あり、御亭(二)にて 北殿樣 其の外 御兄弟樣 皆々 御座 ありて、御機嫌にて 御雜談。乘き《菊》けんげう《檢挍》 色々 申上げけり。御遺言にて あるぞ、一念の信心を よくよく とられ候へ、と 皆々へ、御兄弟樣へ 別而、仰せ 候ひき。

三二 同二日に、花を 御覽 ありたき よし、空善 申し付けよとて、(三)駿河殿 承り候 間、走り舞ひ、花を 進上申し候 也。

三三 御くすゑ《藥師》には、藤左衞門 參り候 也、また せいじゆう《誓從》 參り

(一)たつ—停《とゞ》む。
(二)御亭—外來人に接するに用ゐる部屋をかく稱する
(三)駿河殿—下間光宗、蓮師附の奏者役《トリツギ》。蓮師寂後剃髮して、法名善宗と稱す。

ゆ也。七日の曉、御脈を 自ら とらせ たまひて、ちがふ と ころ あり と 仰せられて、藤左衛門を めされて、とらせられ けり。いのき(一)の御脈 わろき よし 申しあげ 候。

三四 七日 御影様へ 御いとまごひに 御参り あり度 とて、御行水を めされ、御いしやう《衣裝》を 御あらため ありて、御のりもの にて、御堂の南より 阿彌陀堂へ 御参り ある とて、花の本に 御こし《輿》を たて、まづ 花を 御ながめ ありて、御きげん《機嫌》 なり。阿彌陀堂より 御庭へ 御下向 ありて、(御影堂の)面より 御参り あり、御輿 ともに 上壇(段)へ 御参り ありて、仰せに、極樂へ 参る 御いとまごひ にて 候、必ず 極樂にて 御目に かゝり申すべく 候、と たからかに 御申しの 事にて、諸萬人 なみだを ながしけり。

三五 同九日に、御座を 御うへ(二)《上》より 御亭へ 御出で ありて、仰せに、法敬坊と 空善 かゝの了珍 (を) めされて、久しき なし み なれば、さぞ わが御身の すがた みたかる らん、と 仰せ

(一)いのき—胃《ゐ》か膽《い》か不明
(二)御うへ—居間。

にて、法敬坊 空善 御しん《寝》所の 御そばに 祗候(一) 申して、何事もかたり 候へ、又 わが御こゝろをも うけたまはり 候へ、と仰せ 候ひき。又、空善 くれ候 うぐひすの こゝろに なぐさみたり。このうぐひすは、法 ホキ、ヨ となく 也。されば、鳥類だにも 法を きけ となくに、まして 人間にて、聖人の御弟子 也、法を きかでは あさましきぞ、と 仰せられて、慶聞坊なにぞを よみて きかせよ、と 仰せ あり、畏って 御文をとりて、(二)御堂建立の御文を 次第に 三通 あそばしければ、あら 殊勝や〳〵、と 御諚 ありけり。しかれば、兩人 御そばに九日より 廿四日まで 祗候 申し 候ひき。

一三六 同九日に、御臨終 めさるべき 御枕 一間の おし《押》(三)板に、開山聖人(の御影)かけまゐらせ、頭北面西に 御臥し たまひけり。

一三七 このあひだ めされたる 御馬を 御覧ぜられたき、と 仰せ候間、四間のうちの 御たゝみ 二でう《帖》 あげさせられて、御馬を 御臥(床)の 御そばへ ひきたて申す に、この御馬 前えだ《肢》

(一)祗候—敬みて侍り居ること。
(二)御堂建立の御文—山科御坊建立の御文（『蓮如上人遺文』第九九・一〇四、第一〇七・八・九、第一一三通にあり。
(三)押板—板張の床間。

をすこしのばし、なみだをながし、かしらをいたまでさげたり、尾をもすこしもふらずたてり。やゝ御覧じてひきかへせば、いかにも志づかに御椽の板をもふみてかへりけり。御馬とつき御馬のあとに居て、よく〱見申して候也。御馬は(一)ぜうくり《尉栗》毛にて候ひき。

一二八　十七日の曉に(二)四返がへし御念佛、御調聲は上樣、和讃三首、御子兄弟樣みな同音に御申しあり。十八日の仰せに、(三)かまへて我がなきあとに御兄弟たち中よかれ。たゞし一念の信心一味ならば、中もよくて、聖人の御流義もたつべし、とくれ〲御諚ありけり。

一二九　おなじき日より御脈少し御なほり候、とくすし《藥師》申し候也。同十九日より、御おもゆ御藥もいな(や)と仰せごとにてまゐらず候、たゞ御念佛ばかり。はやく〱御往生ありたきとの御念願、と御諚候ひき。

一三〇　廿二日より御開山聖人の御相好にて御座候、と御兄弟

(一)尉栗毛―全體栗色で、鬣及び肢の白きものをいふ歟。

(二)四返がへし―『山科御坊事』に慶聞坊が實如上人の問に答へて、六返がへしの數の少きもの、その節忘れたる由記せり。

(三)かまへて―かならず、きつと。

御諚にて、法敬坊も 空善も 參り、拜み申せ、と 仰せ候て、拜み申し 候也。

〔三〕 同廿三日には 御脈も 御座なく候 間、はや 御往生、と 皆々 申し候 處に、又 八ッ時ばかりより 御脈 御なほり 候。不思議 と みな〳〵 仰せられ 候ひき。廿四日 あかつきには、御往生の 御時分 なり、法敬坊 空善も そと 御そばへ 參り候へ、と 御諚候 あひだ、右の御手を 法敬坊 すこし かゝへ申して いたゞき申し、空善は 兩方の御足を かゝへ いたゞき申したる 事にて、心も おくれ 目 くれ 候ひき。

〔三〕 廿五日 午の正中に 御往生。いかにも 御しづかに 御ねぶり候 ごとくに 御臨終 候ひき。御往生の後、御堂へ 入れ申して、聖人の御前にて 人にも 見せよ、と 御遺言に 仰せ候ひき。廿五日の晩景に 數萬人 をがみ たてまつる。

〔三〕 御(一)だび《茶毘》は 來月二日と 申しふれて、(二)俄かに 三月廿六日の日中に 御座 候ひき。

(一)だび―闍毗、闍維、耶維とも書く梵語、燃燒と譯す。死骸を火葬すること。
(二)多人數の混雜を避けるためならん。

一蠟燭は 廿四挺、みちの両方に 立て候、又 火屋の 四ッの角に 四挺、卓のむかひ 扉の脇に二挺。奉行は 空善 也。

一花は 紙、けそく《花束》は 十二合、提燈は あとさき 四、花瓶 香爐みなく 下間黨の 十二 十三の 人々に 持ち給はる 也。

一御供の女房衆、御輿 十四挺、御こし(御棺)の さき(に 左)。

一上樣は 御輿のさき、同御一家衆 三十五人計り 歟。御つとめの御人數 けいご《警固》の衆 十五人計り 歟。

一御輿は、御堂の内にて 上樣 波佐谷殿様(一) 御かた《肩》を 御入れ候。御輿のまはりには 下間黨。また 御庭より 御輿に 參る 衆は 慶善《ヤマト》 祐専 淨了 正専《トンダ》 賢誓《同》、つぎには 國々の坊主衆。

一ひや《火屋》の たい松の 火は、さき あと 丹後殿(二)と 駿河殿と 也。

一御勤めの 調聲は 慶聞坊、御燒香は 上樣。無始流轉の苦をすてゝ、南無阿彌陀佛の廻向の、如來大悲の恩德は と、此の三首 なり。

(一)波佐谷殿―加賀波佐谷の松岡寺兼祐法名蓮綱、蓮師第三男。
(二)丹後殿と駿河殿―下間頼玄蓮應と光宗善宗。

一御勤めの後燒香は、上樣御兄弟衆御一家衆まで也。御勤めの御人數、上々樣御一家衆御堂衆、其の外慶聞坊法敬坊空善本遇寺福田寺正乘越中、いづれもみなもつ《裳》け《附》衣きぬ袈裟也。

一御取骨の時は、御輿たゞ五挺也、蠟燭七挺也。御取骨の事は、一夜御番を二見《百人》ばかりにて申しゆ處に、御上樣御取骨めされゆて後、人々火屋へ入りゆて、取りゆ間、はい《灰》をも土をもほりとり候て、國々へ歸りゆ也。

一三四 御荼毗の日廿六日より、日御めぐり候、朝日と日中と夕日と三度づゝ。又、五色の花二尺ばかりのが、御堂の上に七日中ふり申しゆて、目を驚かし、大坂殿にもふり候。七ヶ日の間は如レ此候。

一三五 今度の御遺言いさゝかも御たがへあるまじきよし、堅く御兄弟樣御談合をはりまゐらせゆて、目出度候。しかれば、總坊主衆へも、此の一念の御遺言をしかと決定なく

ばあさましき こと なり。すでに 故上様へ(一) はや 御うけ《請》を 申して 候 事にて 候 ほどに、志かと 信心を 決定して 佛法興行 なくば、御住持を 御斟酌(二) あるべし と、近松殿様を 御使にて、諸坊主衆へ くれ〴〵 被レ仰 けり。みな〳〵 御うけ を 申されけり

一三六 御中陰は、廿五日(三)より。四月十七日に まづ めされあげて、内々は 五十日まで 御つとめ あそばしけり。三七日の間、天氣も よく 御座候て、御中陰 あがりて あくる 十八日 大雨 ふり 候。されば 萬づ たゞ 不思議なる 御事どもにて 御入(四)り候 なり。

(一)故上様―蓮如上人。
(二)斟酌―辭退。
(三)廿五日―廿七日の誤寫なるべし。『一期記』廿七日に作るを正とす。他例を見るに、此比の風は、取骨終りて中陰を始む。廿七日より三七日は四月十七日なり。
(四)御入り―在るの敬語。

昔語記

一三七　いまの ひとは いにしへを たづぬべし、また ふるき ひとは いにしへを よく つたふべし。物語は うする もの なり、しるしたる ものは うせず 候。

一三八　あかを《赤尾》の 道宗(一) まうされ さふらふ、一日の たしなみ(二)には、あさつとめに かゝさじ、と たしなめ。一月の たしなみには、ちかき ところ 御開山(三)の 御座ゆ ところへ まゐるべし、と たしなめ。一年の たしなみには、御本寺へ まゐるべし、と たしなむべし、と 云云。これを 圓如樣(四) きこしめし およばれ、よく まうしたる、と おほせられ さふらふ。

一三九　わが こゝろに まかせずして、こゝろを せめよ(五)。佛法は こゝろの つまる もの か、と おもへば、信心に 御なぐさみ 候、と おほせられ さふらふ。

一四〇　法(六)慶(敬)坊 九十まで 存命 さふらふ。このとしまで 聽聞まうし さふらへども、これまでと 存知たる こと なし、あきたり《猒足》 も なき こと なり、と まうされ さふらふ。

〇一三七―假四四、法四五
〇一三八―假四五、法四六
(一)道宗―越中赤尾の彌七入道して道宗といふ。篤信の名高し。その寺を行德寺といふ。四五二條見よ。
(二)たしなみ(嗜)―このみすき。こゝろがけ、覺悟用意。
(三)御開山の御座候―御影を安置する處。當時田舍には御影少し。一九九條參照。
(四)圓如―實如二男、證如の父、光融法名圓如。大永元年八月寂卅二歳。偏増院と稱す。
〇一三九―假四六、法四七
(五)心をせむ―『禮讃』に「勵心尅己」。尅は勝也、除也と訓じて、我が心に勝ち情欲を除くこと。
〇一四〇―假四七、法四八
(六)法慶―法敬と同音。

【一四一】山科にて御法嘆の御座ゆ とき、あまりに ありがたき御諚ども なり とて、これを わすれまうして は と存じ、御座敷を たち、御堂へ 六人 よりて、談合 さふらへば、面々に きゝかへられ さふらふ。そのうちに 四人は （二）ちがひ さふらふ。大事の ことにて 候、と まうす こと なり。きゝまどひ ある もの なり。

【一四二】蓮如上人の 御とき、こゝろざしの 衆も 御前に おほく 候 とき、このうちに 信を えたる もの いくたり あるべき ぞ、ひとりか ふたりか あるべき か、など 御諚ゆ とき、おのおの きもを つぶし まうし さふらふ、と まうされ さふらふ よしに 候。

【一四三】法慶（敬）まうされ さふらふ、讃嘆のとき なにも おなじやうに きかで、聞かば かどを きけ、と まうされ さふらふ。詮 ある ところを きけ と なり。

【一四四】「（二）憶念稱名 いさみ ありて」とは、稱名は いさみの 念佛 な

○一四一―假四八、法四九
△法嘆―法「法談」に作る
（二）ちがひ―當流の法義に違ふ。
○一四二―假四九、法五〇
○一四三―假五〇、法五一
○一四四―假五一、法五二
（二）『報恩講式』に「憶念稱名精（イサミ）有リテ不斷無邊ノ光益ニ關（アヅカ）ル」。精ハ專一の義、また精勤不倦ともありて餘念をまじへず倦怠なく佛恩を喜び念佛するなり

り。信のうへは、うれしく いさみて まうす 念佛 なり。

一四五 御文のこと。聖教（一）は よみちがへも あり、こゝろえも ゆかぬ ところも あり、御文は よみちがへも あるまじき、と おほせられ さふらふ。御慈悲の きはまり なり、これを きゝながら こゝろえ ゆかぬ は、無宿善の 機 なり。

一四六 御流の御こと、このとしまで 聽聞まうし さふらうて、御ことばを うけたまはり さふらへども、たゞ こゝろが 御こと（二）ばの ごとく ならぬ、と 法慶(敬) まうされ 候。

一四七 實如上人 さいく 仰せられ 候、佛法のこと わがこゝろに まかせず たしなめ、と 御掟 なり。こゝろに まかせては（三）さて なり、すなはち こゝろに まかせず たしなむ こゝろは 他力 なり。

一四八 御一流の義を、うけたまはり わけたる ひとは あれども、きゝうる ひと まれ なり、と いへり。信を うる 機 まれなり、と いへる こゝろ なり。

〇一四五ー假五二、法五三
（一）四〇二條參照。
〇一四六ー假五三、法五四
（二）信後の心得についてなり。二三四條參照。
〇一四七ー假五四、法五五
（三）さてー『參考太平記』に「世ハ今ハサテコソト見エテ候」。詮方盡きて思ひ捨てる意、（智現師の說）。仕方がない。
〇一四八ー假五五、法五六

一四九　蓮如上人の御諚に、佛法のことをいふに、世間のことにとりなすひとのみなり、それをたいくつ《退屈》せずして、また佛法のことにとりなせ、とおほせられ候なり。

一五〇　聖教をすきこしらへもちたるひとの子孫には、佛法者いでくるなり、ひとたび佛法をたしなみさふらふひとは△(二)大様になれども、おどろきやすきなり。

一五一　たれのともがらも、われはわろきとおもふもの、ひとりとしてもあるべからず、これしかしながら聖人の(一)御罰をかうぶりたるすがたなり。これによりて、一人づゝも、心中をひるがへさずは、ながき世(三)泥梨にしづむべきものなり。これといふもなにごとぞなれば、眞實に佛法のそこをしらざるゆゑなり。

一五二　みなひとのまことの信はさらになし
　　ものしりがほのふぜいにてこそ
近松殿の、堺へ御下向のとき、なげし《長押》におしておかせられ

○一四九―假五六、法五七
○一五〇―假五七、法一二三
(二)大様―緩怠、怠慢。
△大様に―法「に」なし
○一五一―假法五八
(一)御罰―罰は擯罰で、退け拂ふこと。(深勵師の説)
(三)泥梨―奈落とも書く。梵語。地獄のこと。
○一五二―假法五九

候、あとにて このこゝろを おもひいだし さふらへ、と 御諚なり。 光應寺殿(一)の 御不審 なり。ものしりがほ とは、われはこゝろえたり と おもふ が、このこころ なり。

一五三 法敬坊 安心のとほり ばかり 讃嘆する ひと なり、言南無(二)者の釋をば いつも はづさず ひく ひと なり。それさへ、さしよせて まうせ、と 蓮如上人 御諚ゆ なり、ことばすくなに安心のとほり まうせ、と 御諚 なり。

一五四 善宗(三) まうされ 候、こゝろさし まうしゆ とき、わがものがほに もちて まゐる は、はづかしき よし、まうされ 候。なにと ゐたる ことにて 候や、と まうし さふらへば、これはみな 御用(四)《ゆう》の ものにて ある を、わがもの ゝ やうに もちてまゐる、と まうされ さふらふ。たゞ 上様のもの と とりつぎ候 ことにて さふらふ を、わがものがほに 存する が、とまうされ さふらふ。

一五五 津ノ國(五)ぐんげ《郡家》の 主計と まうす ひと なり(あ)、ひまなく 念佛

（一）光應寺—近松顯證寺蓮淳、隱居して光應寺と稱す。
〇一五三—假法六〇
（二）言南無者の釋—四九條の解を見よ。
〇一五四—假法六一
（三）善宗—下間光宗、法名善宗。四五一條を見よ。
（四）御用—體用の用で、ユウと讀む。如來聖人の御德のはたらき。
〇一五五—假法六七
（五）攝州島上郡家村妙圓寺。

まうす あひだ、ひげ《鬘》を そる とき、きらぬ こと なし、わすれて 念佛 まうす なり。(一)ひとのくち はたらかねば、念佛も すこしのあひだも まうされぬ か と、(二)こゝろもとなき よしに さふらふ。

一五六 佛法者 まうされ 候、わかき とき 佛法は たしため と 候とし よれば、行歩も かなはず、ねむたくも ある なり、たゞ わかき とき たしなめ と 候。

一五七 衆生を 志つらひ たまふ。(三)志つらふと いふは、(四)衆生のこゝろを そのまゝ おきて、(五)よきこゝろを 御くはへ さふらひて、よく (六)めされなし 候。衆生のこゝろを みな とりかへて、佛智ばかりにて 別に 御したてゆ ことにては なく さふらふ。

一五八 わが妻子 ほど (七)不便《ふびん》なる こと なし、それを 勸化せぬ は、あさましき こと なり。宿善 なくば ちから なし、わが身を ひとつ 勸化せぬ ものが あるべき か。

一五九 慶聞坊の いはれ 候、信は なくて (八)まぎれ まはる と、日に

(一)ひとのくち—巳下諸聯士計が他人を評し不審したる言とせるはいかゞ。鬘剃る時の自分の心持を言ひたるなるべし。
(二)こゝろもとなし—覺束なし、心もどかし。
〇一五六—假法六三
〇一五七—假法六四
(三)志つらふ—『改邪鈔』にある語。取り繕ふ、補理。
(四)衆生のこゝろ—貪貪煩惱の心。
(五)よきこゝろ—佛智他力の眞實心。
(六)めされなし—めさるは爲るの敬語。御作りなさる。
〇一五八—假法六五
(七)不便—たよりなきこと轉じて、憐むべきこと。
〇一五九—假法六六
(八)まぎれまはる—當時の諺歟。今は信者の間に紛れこみて信者顏すること。

く 地獄が ちかく なる。まぎれ まはる あらはれは、地獄が ちかく なる なり。(一)うちみは 信 不信 みえず さふらふ。とほく いのちを もたずして、今日ばかり と おもへ と、ふるき こゝろざしの ひと まうされ さうらふ。

一六〇 一度の(二)ちがひが 一期のちがひ なり、一度のたしなみが 一期のたしなみ なり。そのゆゑは、そのまゝ いのち をはれば 一期のちがひに なるに よりて なり。

一六一 (三)今日ばかり おもふ こゝろを わするなよ
さなき《然》は いとゞ (四)のぞみ おほきに
(五)覺如様 御歌。

(一)うちみ―打見たる所、外見。
○一六〇―假法六七
(二)ちがひ―誓ひとも讀めるが、違ひが可ならん。
○一六一―假法六八
(三)今日ばかり―ト字を入れて見よ。
(四)のぞみおほきに―終に後生の大事を忘れるから。
(五)覺如―宗祖の曾孫。本願寺を一派の本寺とする基礎を置きたる人。

實悟記

一六二 蓮如上人 仰せられ 候、本尊は (一)掛けやぶれ、聖教は 讀みやぶれ、と 對句に 仰せられ 候。

一六三 (二)他流には、名號よりは 繪像、繪像よりは 木像、と いふ なり。(三)當流には、木像よりは 繪像、繪像よりは 名號、と いふ なり。

一六四 御本寺 北殿にて、法敬坊に 對して、蓮如上人 仰せられ 候われは、何事も (四)當機を かゞみ《鑒》 おぼしめして、十 あるものを 一に するやうに、かろ〴〵として 理の やがて 叶ふ 樣に (五)御沙汰 候、これを 人が かんがへぬ、と 仰せられ 候。御文 等をも、近年は 御詞すくなに あそばされ 候。今は 物を 聞く うちにも 退屈し、物を 聞きおとす 間、肝要の 事を やがて 知りゆ やうに あそばされゆ 由、仰せられ 候。

一六五 (六)法印兼緣、幼少の時 二俣《ふたまた》にて、あまた 小名號を (七)申し入れ ゆ とき、△信心を やるぞ〳〵、と 仰せられ 候。信心の體 名號にて 候 仰せ、いま 思合せゆ、との 義に 候。

〇一六二―假六九、法五
(一)掛けやぶれ―此比各戸に佛壇なく拜禮の度毎に掛けたるによるか。
〇一六三―假七〇、法六九
(二)他流―他の淨土宗。臨終來迎を期する故本尊に向ひ攝手引接を願ふから木像が最も勝れる。
(三)當流では安心の體は名號で、安心を勸めるには繪木像より名號が勝れる但し報謝では逆に木像が勝れる歟。
〇一六四―假七一、法七〇
(四)當機―相手の人。
(五)御沙汰―仰せ、御詞。
〇一六五―假七二、法七一
(六)法印兼緣―蓮師第六男兼緣法名蓮悟。加洲二俣本泉寺蓮乘(兄)の養子。法印權大僧都。
(七)申し入れ―願ひ込む。蓮師の染筆を願ふなり。
△信心已下八字―假法「信心やあるをの〳〵」とす

一六六　蓮如上人 仰せられ 候、堺の日向屋は、卅萬貫 持ちたれど、死にたる が、佛には なりゆまじ。大和の了妙（一）は、帷《かたびら》 一ッを もきかね 候へども、此の度 佛に なるべきよ、と 仰せられ ゆ 由に 候。

一六七　蓮如上人へ 久寶寺の法性（二） 申され 候、一念に 後生 御助け ゆへと、彌陀を たのみ 奉りゆ ばかりにて、往生一定 と 存じ 候、かやうにて 御入り（三）ゆ か、と 申され 候へば、或る人 わきより、それは いつもの 事にて 候、別の事 不審なる事 など 申され 候はで、と 申され候へば、蓮如上人 仰せられ 候、それぞ とよ わろき とは、めづらしき 事を 聞きたく 思ひ 知りたく 思ふ なり。信の上にては、心中の おもむき かやうに 申さるべき こと なる よし、仰せられ 候。

一六八　蓮如上人 仰せられ 候、一向に 不信の 由 申しゆ 人は よく 候、詞にては 安心の通り 申しゆて、口には 同じ ごとくにて、まぎれて むなしく なるべき 事を、かなしく 思召しゆ

〇一六六―假七三、法七二
（一）了妙―大和國高市郡南八木村金臺寺。
〇一六七―假七四、法七三
（二）法性―河內國久寶寺村の慈願寺。
（三）御入り―在るの敬語。
〇一六八―假七五、法七四

よし 仰せられ 候。

一六九 聖人の御一流は 阿彌陀如來の 御掟《ぢやう》なり。されば、御文に(一)は、阿彌陀如來の 仰せられける やうは、と あそばされ 候。

一七〇 蓮如上人 法敬に 對せられ 仰せられ 候、いま この 彌陀をたのめと いふ ことを 御教へ候 人を 志りたる か、と 仰せられ 候。順誓、存ぜず、と 申され 候。今 御教へ候 人をいふべし、鍛冶 番匠 なとも 物を をしふるに 物を 出すもの なり、一大事の こと なり、何ぞ 物を まゐらせよ、いふべき、と 仰せられ 候。その時 順誓、なか〳〵(二)、なになりとも進上 いたすべき、と 申され 候。蓮如上人 仰せられ 候、このことを 御をしへ候 人は 阿彌陀如來にて 候、阿彌陀如來の 我れを たのめ との 御教にて 候 由、仰せられ 候。

一七一 法敬坊 蓮如上人へ 申され 候、あそばされ候 御名號 やけ申し候が、六體の 佛に 御成り 候、不思議なる 御事、と 申されば候へば、蓮如上人 その時 仰せられ 候、それは 不思議に

〇一六九―假七六、法七五
(一)御文四帖目第九通「末代ノ凡夫罪業ノ我等タラン者罪ハイカ程深クトモ我ヲ一心ニタノマン衆生ヲバ必ズ救フベシト仰セラレタリ」。是は第十八願の三信を天親の一心を以て述べられたもので、第十八願は如來の仰なり。
〇一七〇―假七七、法七六
(二)なか〳〵―言ふまでもなし、勿論。
〇一七一―假七八、法七七

ても なき なり、佛の 佛に 御なり候は 不思議にても なく候、惡凡夫の 彌陀を たのむ 一念にて 佛に なる こそ、不思議よ、と 仰せられ 候。

一七二 (一)朝夕は 如來聖人の 御用《ゆう》にて 候間、(二)冥加のかたを ふかく存ずべき 由、をり〳〵 蓮如上人 仰せられ 候。

一七三 蓮如上人 仰せられ 候、(三)噬《か》むとは しるとも、呑むとは しらすな、と いふ ことが あるぞ。妻子を 帶し、魚鳥を 服し、罪障の身 なり と いひて、さのみ 思ひのまゝには あるまじき 由、仰せられ 候。

一七四 (四)佛法には 無我と 仰せられ 候。(五)我れと 思ふ ことは いさゝかも あるまじき こと なり。我れは わろし、と 思ふ 人なし、これ (六)聖人の 御罰 なり、と 御詞 候。他力の 御すゝめにて 候、ゆめ〳〵 我れと いふ ことは あるまじく 候。無我と いふ こと、實如上人も たび〳〵 仰せられ 候。

一七五 (七)日比 しれる ところを 善知識に あひて 問へば、得分 あ

〇一七二―假七九、法七八

(一)朝夕―あさゆふの食事。

(二)冥加―顯加の對。幽冥の加被、御めぐみ。一五四條見よ。

〇一七三―假八〇、法七九

(三)噬むとは云々―この諺の意義不明。一説に、食事の作法として、噬む音が人に知れても、呑み込む音まで知らすは、餘りに傍若無人である。

〇一七四―假八一、法八〇

(四)佛法には無我―佛法は實我の謬見を破して無我の理を證るを旨とする。

(五)我れと思ふ―法義談合に我情を募る。

(六)聖人の御罰―一五一條を見よ。

〇一七五―假八二、法八一

(七)日比しれる云々―『淨土見聞集』「文ニ暗カラン者ハ善友知識ニ逢奉リテ我ガ知レル所ヲ尋ヌベシ、日比知レル所ナリト雖モ聞ケバマタ得分アルナリ」。

るなり。志れるところを問へば得分ある、といへるが殊勝のことばなり、と蓮如上人仰せられ候。知らざるところを問はゞ、いかほど殊勝なることあるべきぞ、と仰せ言《こと》にて候由に候。

一七六 聽聞を申すも、大略わがためとは思はず、やゝもすれば法文の一ッをもきゝおぼえて、人に賣り心ある、との仰せ言にて候。

一七七 一心にたのみ奉る機は如來のよく志ろしめすなり。彌陀のたゞ志ろしめすやうに心中をもつべし。△冥見《みやうけん》をおそろしく存ずべきことにて候、との義に候。

一七八 △實如上人仰せられ候、前より御相續の義は別義なきなり、たゞ彌陀をたのむ一念の義より外は別義なく候これよりほか御存知なく候、いかやうの御誓言もあるべきよし、仰せられ候。

一七九 同じく仰せられ候、凡夫往生は、唯たのむ一念にて佛

○一七六―假八三、法八二
○一七七―假八四、法八三
△冥見―假法「冥加」に作る
○一七八―假八五、法八四
△假は「前々住上人」に作り、蓮如上人と見るなれど、誤寫ならん
○一七九―假八六、法八五

にならぬ ことあらば、いかなる 御誓言をも 仰せらるべき。證據《(一)》は 南无阿彌陀佛 なり、十方の諸佛 證人にて 候。

〔八〇〕 蓮如上人 仰せられ 候、同行 寄合ひ候 ときは、たがひに物を いへ〳〵、と 仰せられ 候。物を 申さぬ 者は おそろしき、と 仰せられ 候。信 不信 ともに 物を いへ、と 仰せられ 候。物を 申せば、心中も きこえ、又 人にも なほさるゝ なり、たゞ 物を 申せ、と 仰せられ 候。

〔八一〕 蓮如上人 仰せられ 候、つとめ《△勤行》の 事、ふしはかせ《(二)節博士》も 知らでよく すると 思ふ なり。勤めの ふし《節》 わろき よしを 仰せられ、慶聞坊を いつも とりつめ 仰せられつる よしに 候。それに ついて、蓮如上人 仰せられ 候、一向に わろき 人は、ちがひなど と いふ 事も なし、たゞ わろき まで なり、わろし とも 仰せ言も なき なり。法義をも 心に かけ、ちと心得の ある 上の 違ひが、事の外の ちがひ なり、と 仰せられ候 由に 候。

（一）證據は南无阿彌陀佛―御文三帖目第五通「ワレラヲ阿彌陀佛ノ助ケ給ヘル支證ノタメニ御名ヲコノ南無阿彌陀佛ノ六字ニ顯シ給ヘルナリ」。
〇一八〇―假八七、法八六
〇一八一―假八八、法八七
△つとめの事―假「佛法ハツトメテヨ」に、法「佛法ハツトメノ」に作る
（二）ふしはかせ―諷物の節の長短高低を示す符號、聲明の墨譜章。博士の敎ふるものなればいふか。

〔一八二〕人の 心得の通り 申されけるに、わが心は、たゞ 籠に 水をいれ候 やうに、佛法の 御座敷にては ありがたくも たふとくも 存じ候 が、やがて もとの心中に まかりなり 候、と申され候 ところに、蓮如上人 仰せられ 候、そのかごを みづにつけよ、我が身をば 法に (一)ひでゝ おくべき 由、仰せられ 候。

〔一八三〕萬事 信 なきに よりて わろき なり。善知識の わろきと仰せらるゝは、信の なき ことを くせ《曲》事と 仰せられ候 ことに 候。

〔一八四〕聖教を 拜見申すも、うか〳〵と をがみ申す は、その詮 なし。蓮如上人は、たゞ 聖教をば くれ〳〵《繰》 と 仰せられ 候。又、(二)百返 これを みれば、義理 おのづから うる《得》、と 申す 事も あれば、こゝろを とゞむべき こと なり。(三)聖教は 句面のごとく こゝろうべし。その上にて 師傳(四)口業《くごふ》も あるべきなり、まはして 私にして (五)會釋《ゑしやく》する こと、しかるべからざる 事なり、と 云々。

〇一八二―假八九、法八八
(一)ひでゝ―漬(ヒ)づ、水につける、ひたす。
〇一八三―假八九、法八八
〇一八四―假九〇、法八九
(二)百返云々―『魏略』に「讀書百遍、而義自見」。
(三)聖教云々―『改邪鈔』に「經論章疏ノ明證アリトモ自見スレバ必ズ誤ル所アルニヨリテ師傳口業ヲ以テ最トス。」
(四)口業―口授と同じ。
(五)會釋―會通解釋。

一八五　蓮如上人 仰せられ 候、他力信心〳〵（一） と みれば あやまり なき よし、仰せられ 候。

一八六　我れ ばかり と 思ひ、獨覺心 なる こと、あさましき こと なり。信 あらば、佛の 御慈悲を うけとり申す うへは、われ ばかりと 思ふ ことは あるまじく 候。（二）觸光柔軟《にうなん》の願 候 と きは、心も やはらぐべき こと なり。されば、（三）緣覺は 獨覺の さとり なるが 故に、佛にならざる なり。

一八七　一句一言も 申す ものは、我れと（四） 思うて 物を 申す なり。信の上は、われは わろし と 思ひ、また 報謝と 思ひ、ありがたさの あまりを 人にも 申す こと なるべし。

一八八　信も なくて、人に 信を とられよ〳〵 と 申す は、わが物 も もたずして、人に 物を とらすべき、と いふ 心 なり、人 承引 あるべからず、と 順誓 申されし とて、實如上人 仰せ られ 候ひき。（五）自信敎人信 と 候 時は、まづ わが信心を 決定して、人にも 敎へ申さば、佛恩(報謝)に なる、との ことに

〇一八五―假九一、法九〇
（一）聖敎拜見の心得なり。
〇一八六―假九二、法九一
（二）觸光柔軟の願―四十八願中の第三十三。「諸佛世界衆生之類、蒙我光明、觸其身者、身心柔軟、超過人天」。
（三）緣覺―三乘の中の緣覺は無佛の世に出で、飛華落葉を見て無常を觀じ、或は十二因緣を觀じて、悟りを開く故に、緣覺といふ。自分獨り悟りて、利益他の行を知らず、故に成佛せず。
〇一八七―假九三、法九二
（四）我れ―コソを入れて讀むべし。
〇一八八―假九四、九三
（五）『往生禮讚』の文「自信敎人信、難中轉更難、大悲傳普化、眞成報佛恩」。

候。自身の安心 決定して 人にも 教ふる は、卽ち 大悲傳普《ふ》化《け》の 道理 なる よし、同じく 仰せられ 候。

一八九 蓮如上人 仰せられ 候、聖教よみの 聖教よまず あり、聖教よまずの 聖教よみ あり。一文字も 志らねども、人に 聖教をよませ、聽聞させて 信を とらする は、聖教よまずの 聖教よみ なり。聖教をば よめども、眞實に よみも せず、法義も なき は、聖教よみの 聖教よまず なり、と 仰せられ 候。

△自信が 教人信の 道理 なり、と 仰せられ候 事に 候。

一九〇 聖教よみの 佛法を 申し立てたる ことは なく 候、(一)尼入道のたぐひの、たふとや ありがたや、と 申され候 を きゝては、人が 信を とる、と 蓮如上人 仰せられ候 由に 候。何も志らねども、佛の (二)加被力《かびりき》の ゆゑに、尼入道などの よろこばるゝを きゝては、人も 信を とる なり。聖教を よめども、名聞《みやうもん》が さきに たちて、心に 佛法 なき ゆゑに、人の信用 なきなり。

○一八九―假九五、法九四
△自信が以下―假法「自信教人信ノ道理ナリト仰ラレ候事」に作り、次條の標文とするが如し
○一九〇―假九六、法九五
(一)尼入道―一文不通の在家男女の剃髮せるものを稱す。
(二)加被力―佛の慈悲を以て衆生に益を被らしむる力。

一九一　蓮如上人 仰せられ 候、當流には 總(一)別 世(二)間機 わろし。佛法の上より 何事も あひはたらくべき こと なる 由、仰せられ 候。

一九二　同じく 仰せられ 候、世間にて 時(三)宜 しかるべき よき 人なり と いふとも、信なくば 心 おくべき なり、便《たよ》りにも ならぬ なり。假令 かた眼 つぶれ 腰を ひきゆ やうなる もの なりとも、信心 あらん 人をば、たのもしく 思ふべき なり、と 仰せられ 候。

一九三　君(四)を 思ふは 我れを 思ふ なり。善知識の 仰せに したがひ 信を とれば、極樂へ まゐる もの なり。

一九四　久(五)遠劫より 久しき 佛は 阿彌陀佛 なり、かりに 果(六)後の方便に よりて、誓願を 儲《まう》け たまふ こと なり。 願△力 不思議のあらはれも 南无阿彌陀佛、凡夫往生の 證據も 南无阿彌陀佛 なり。

一九五　蓮如上人 仰せられ 候、彌陀を たのめる 人は、南无阿彌陀

〇一九一―假九七、法九六
(一)總別―すべて、おほよそ。法は總體に作る。
(二)世間機―機は可發の義で、心の作用の表に發動すること。こゝろもちといふほどの意。世間機は世間氣もち。
〇一九二―假九八、法九七
(三)時宜しかるべき―時い宜しきに隨うて事を計ふこと。
〇一九三―假九九、法九八
(四)君を思云々―當時の諺なるべし。
〇一九四―假一〇〇、法九九
(五)久遠劫より―大經和讚「彌陀成佛ノコノカタハ今に十劫ト說キタレド塵點久遠劫ヨリモ久シキ佛ト見エ給フ」。
(六)果後の方便―「淨土奧要鈔」「久遠實成ノ古佛ナレドモ十劫已來ノ成道ヲトナヘ給ヒシハ、果後ノ方便ナリ」。願を發し行を修して成佛せられたは、衆生濟度の爲の施造方便である。かくて成就したのが南無阿彌陀佛なり。
△願力以下―假法になし。
〇一九五―假一〇一、法一〇〇

佛に身(一)をばまるめたることなり、と仰せられ候、と云々
いよ〳〵冥加《みやうが》を存ずべき由に候。

一九六　丹(二)後法眼蓮應、衣裳とゝのへられ、蓮如上人の御前に祗候さふらひし時、仰せられ候、衣の襟を御たゝきありて、南无阿彌陀佛よ、と仰せられ候。又、實如上人は御疊をたゝかれ、南无阿彌陀佛にもたれ《持》たる由、仰せられ候ひき。南无阿彌陀佛に身をばまるめたる、と仰せられ候と符合申し候。

一九七　蓮如上人仰せられ候、佛法の上には、毎事につきそらおそろしき事と存ずべく候、たゞ萬ツにつけて油(三)斷あるまじき事と存じ候へ、の由をり〳〵仰せられ候、と云々。

一九八　同じく仰せに、佛法には明日と申すことあるまじく候、佛法のことはいそげ〳〵、と仰せられ候。今日の日はあるまじきと思へ、とも仰せられ候。なにごともかきいそぎ物を御沙汰候由に候。ながたれたることを御きらひ

(一)身をばまるめる―身を包みまはす。○一九六―假一〇二、法一〇一
(二)丹後法眼―二六條の解見よ。○一九七―假一〇三、法一〇二
(三)油斷―寛《ゆた》にの音便。氣をゆるめてあること、ぬかり、懈怠。涅槃經に、王その一臣に命じ鉢に油を盛りて持ち行かしめ、一滴をこぼしても汝の命を斷つべし、と言ひたりとあるに因みてこの字を當つ。○一九八―假一〇三、一〇四、法一〇二、一〇三
△ながたれ―假法「ナガナガシ」に作る。ながたらし。

ゆ 由に 候。佛法の 上にては、明日のことを 今日 するや
うに いそぎたる こと、賞翫 候。

一九九 同じく 仰せに 云く、聖人の御影《ごえい》を 申す(一) は、大事の こと
なり、昔は 御△本寺より 外は 御座なき こと なり、信 なくば
必ず 御罰を かうぶるべき よし、仰せられ 候。

二〇〇 時節到來 と いふ 事、用心をも 志て その上に 事の 出で
來ゆ を、時節到來 とは いふべし、無用心にて 事の 出で來
ゆを、時節到來 とは いはれぬ こと なり。聽聞を 心がけ
ての 上の 宿善 無宿善 とも いふ こと なり。たゞ 信心は
きくに きはまる こと なる よし、仰せの 由に 候。

二〇一 蓮如上人 法敬に 對して 仰せられ 候、まきたて と いふ
もの 知りたる か、と 仰せられゆ 處に、法敬 申され 候、ま
きたてと 申して、一度(種を) まきて、手を さゝ(二)ぬ ものに
候、と 申され 候。それよ、まきたて が わろき なり、人に な
ほされまじき と 思ふ 心 なり、心中をば 申出して 人に な

○一九九―假一〇五、法一〇四
(一)申す―願ふ。本寺へ下附を願ふ。
△本寺―假法「本尊」に作る
○二〇〇―假一〇六、法一〇五
○二〇一―假一〇七、法一〇六
(二)さす―加へる。

ほされ 候はでは、心得の なほる と いふ こと あるべからず。 まきたては 信を とる こと あるべからず、と 仰せられ候。

二〇二 何とも 志て 人に なほされゆ やうに 心中を もつべし。わが心中をば 同行の中へ うち出して おくべし。下と 志たる 人の いふ ことをば、△心(信)用せず 腹立する なり、あさましき こと なり、たゞ 人に △いはるゝ やうに 心中を もつべきよしに 候。

二〇三 人の 蓮如上人へ 申され 候、一念の ところは 決定にて 候 やゝもすれば 善知識の 御事を おろそかに 存ずる 心 候 由申され 候へば、仰せられ 候、最も 信の 上は 崇仰の 心 あるべき なり。さりながら、(一)凡夫心にては △なき か、さやうの 心中の おこらん ときは、(二)勿體《もつたい》なき 事 と 思ひすつべし、と 仰せられ 候、と 云云。

二〇四 蓮如上人 兼縁に 對せられ 仰せられ 候、たとひ 木の皮を

〇二〇二―假一〇八、法一〇七

△心用せず―假「必用ザレハ」、法「用ヒズシテ必ズ」に作る

△いはるゝ―假法「ナホサル」に作る

〇二〇三―假一〇九、法一〇八

(一)凡夫心云々―凡夫心で麁略に思ふ心起らぬと限らぬ。

△なきか―法三字を除く

(二)勿體なし―神佛に對して正理を失ひ正體なし。轉じて、ふとゞきなり。恐れ多し。

〇二〇四―假一一〇、法一〇九

きる いろめ（一） なりとも、な（二） わびそ、たゞ 彌陀を たのむ 一念を よろこぶべき 由、仰せられ 候。

二〇五 蓮如上人 仰せられ 候、上下 老若 に よらず、後生は 油斷にて 仕損ずべき よし、仰せられ 候。

二〇六 蓮如 上人 御口中を 御わづらひ 候。をりふし あゝと 御目を ふさがれ、仰せられ 候、定めて 御口中 御煩ひ ゆゑ、とみな〳〵 存じ候 ところに、やゝ ありて 仰せられ 候、ひとの 信の なき ことを おぼしめし 候へば、身を きりさくやうに かなしきよ、と 仰せられ候 由に 候。

二〇七 蓮如上人 仰せられ 候、われは 人の機（三）を かゞみ、人にしたがひて、佛法を 御きかせ候 由、仰せられ 候。なににても人の すきたる ことなど 申させられ、うれしや と 存じ候所に、また 佛法の 事を 仰せられ 候。色々 御方便（四） さふらひて、人に 法を 御きかせ 候ひつる 由に 候。

二〇八 同じく 仰せられ 候、人の 佛法を 信じて、われに よろここ

（一）いろめ―襲《かさ》ねたる衣服の染色の出合。體たらく。
（二）なわびそ―もの悲しく思ふな、悲觀するな。
○二〇五―假一一一、法一一
○二〇六―假一一二、法一一一
○二〇七―假一一三、法一一二
（三）機―こゝろもち。
（四）方便―手段をめぐらすこと。善巧方便。
○二〇八―假一一四、法一一三

ばせんと思へり、それはわろし、信をとれば自身の徳となるなり。さりながら、信をまことにとらば、恩にも御うけあるべき由、仰せられ候。又、きゝたくもなきことなりとも、まことに信をとるべきならば、きこしめすべき由仰せられ候。

二〇九 同じく仰せに、實に一人なりとも信をとるべきならば、身(一)をすてよ、それはすたらぬぞ、と仰せられ候。

二一〇 あるとき仰せられ候、御門徒の心得をなほすときき こしめして、老(二)の皺をのべばや、と仰せられ候。

二一一 ある門徒衆に御たづね候、そなたの坊主、心得のなほりたるをうれしく存ずるか、と御尋ね候へば、申され候、まことに心得をなほされ、法義を心にかけられ候。一段ありがたくうれしく候よし、申され候。その時仰せに、われはなほうれしく思ふよ、と仰せられ候。

二一二 をかしき事能をもさせられ、佛法に退屈仕ゆものゝ

○二〇九―假一一四、法一一三
(一)身を捨てる―身柄をすてるなど。二〇條解見よ。
○二一〇―假一一五、法一一四
(二)老の皺をのぶ―老體の大きに喜ぶさま。
○二一一―假一一六、法一一五
○二一二―假一一八、法一一七

心を くつろげ、その氣をも うしなはして、又 あたらしく 佛法を 仰せられ 候。誠に 善巧方便(一)、ありがたき 御事 なり。

二三　あしき 者をも 御たらし 候て、 その人の 心に 御隨ひ 候て、これを 佛法の縁に とり、御より(二) なされ 候て、法を きかせられ 候、と 仰せられ 候。

二四　天王子土塔會(三) 蓮如上人 御覽 候て、仰せられ 候、あれほど おほき 人ども 地獄へ おつべし と、不便《ふびん》に おぼしめしつる 由 仰せられ 候。又、その中に、御門徒の人は 佛に なるべし と 仰せられ 候。これ また ありがたき 仰せにて 候。

二五　蓮如上人 御法談 以後、四五人の 御兄弟へ 仰せられ 候、四五人の衆 寄合ひ 談合 せよ、かならず 五人は 五人ながら 意樂に 聞く もの なり、よく〳〵 談合 すべき 由、仰せられ 候。

二六　たとひ なき 事 なりとも、人 申し 候はゞ、當座は 領掌(四)す べし、當座に 詞を かへせば、二度と 人の いはざる なり、人

(一)善巧方便―よく巧みに人の機にかなへる方法を用るて導き救ふこと。
〇二一三―假法なし
(二)よる―近く添ふ、接近。
〇二一四―假一一九、法一一八
(三)土塔の宮は南大門外にあり、牛頭天王を祭る、毎年四月十五日土塔會を修し山鉾などをわたし、寺の大衆も石鳥居の脇に桟敷を構へて見物し、盛大の祭禮なりしが、今は廢絶す。土塔町超願寺は其跡なりといふ。
〇二一五―假一一二〇、法一一九
〇二一六―假一一二一、法一二〇
(四)領掌―領承。同音にて書く。

のいふ事をばたゞふかく△(信)心用すべきなり。これについて、ある人相互にあしき事を申すべし、と契約候ひし所に、則ち一人のあしざまなることを申しければ、我れはさやうにあるまじきと存じつれども、人の申すあひだ、さやうに候、と申され候。この返答あしきとの事に候、さ《然》なき事なりとも、當座はさぞ(一)と申すべきことなり。

二二七　一宗の繁昌と申すは、人の多く集り威の大なることとにてはなく候。一人なりとも、人の信を取るが、一宗の繁昌に候。志かれば、「專修正行(二)の繁昌は遺弟《ゆゐてい》の念力より成ず」、とあそばしおかれ候。

二二八　蓮如上人仰せられ候、聽聞を心に入れて(三)申さんと思ふ人はあり、信をとらんずると思ふ人なし。されば、(四)極樂はたのしむときゝて、まゐらんとねがひのぞむ人は、佛にならず、彌陀をたのむ人は、佛になる、と仰せられ候。

△心用―假法「用心」に作る

(一)さぞ―然ぞ、その如くに。領承する意。

○二二七―假一二二、法一二一

(二)報恩講式の文。

○二二八―假一二三、法一二二

(三)心に入れて―熱心に。

(四)『論註』に「若し人無上菩提を發さずして、たゞ彼の國土の受樂無間なるを聞き、樂の爲の故に願生するも、亦往生するを得ざるべし」。

二九　御文をば如來の直說《ぢきせち》と存ずべき由に候。「（一）かたちをみればば法然、詞をきけば彌陀の直說」、といへり。

三〇　蓮如上人御病中に慶聞に、何ぞ物をよめ、と仰せられゆところに、御文をよみ申すべきか、と申され候。さらばよみ申せ、と仰せられ候。三通を二度づゝよま〇（さ）せられ候て、仰せられ候、わがつくりたる物なれども、殊勝なる事よ、と仰せられ候。

三一　順誓申されしと云云。常には、我が前にていはずして、後言《うしろごと》をいふとて、腹立する事なり、われはさやうには存ぜず候。我が前にて申しにくゝば、かげ《陰》にてなりとも、わがわろきことを申されよ、きゝて心中をなほすべき由、申され候。

三二　蓮加上人仰せられ候、佛法のためと思召し候へば、何たる御辛勞をも御辛勞とは思召されぬ由、仰せられ候。御（三）心まめにて何事も御沙汰ゆよしに候。

〇二一九―假法一二四
（一）『拾遺古德傳』に、大原談義の時諸宗の碩德信伏して「ソノ形容ニムカヘバ源空聖入、智慧高明ナリ、ソノ述義ヲキケバ彌陀如來應現シ給フカト覺ユ」、と記せり。
〇二二〇―假法一二五
（二）一二五條參照。
〇二二一―假法一二六
〇二二二―假法一二七
（三）心まめに―まじめに忠實に、深切に。

二二三 法には あらめなるが わろし。世間には 微細 ならず とも、佛法には みさいに 心を もち こまかに 心を はこぶべき よし、仰せられ 候。

二二四 遠きは 近き 道理、ちかきは とほき 道理 なり。燈臺 もと くらし とて、佛法を 不斷 聽聞申す 身は、御用を あび《△浴受》きて、いつもの 事と 思うて、法義に おろそか なり。遠々《とほぐ》の 人は、佛法に うとく 候て、聞きたく 大切に もとむる 心 あるなり。佛法は 大切に もとむる 心より きく もの なり。

二二五 一ッ事を 聞きて、（こ）いつも 珍らしく、はじめたる やうに、信の 上には あるべき なり。たゞ めづらしき ことを きゝたく 思ふ なり。ひとつことを いくたび 聽聞 申す とも、めづらしく はじめたる やうに あるべき なり。

二二六 道宗は、たゞ 一ッ御詞を いつも 聽聞申す が、はじめたる やうに ありがたき 由、申され 候。

二二七 念佛 申すも、人の 名聞《みやうもん》げに 思はれ 候はん と 思うて、た

○二二三―假法一二八
○二二四―假法一二九
△あびきて―假「アヒミテ」法「アツウカウムリテ」に作る
○二二五―假法一三〇
（こ）いつも珍らし―「金葉集」權僧正永縁「キクタビニメヅラシケレバホトヽギス、イツモ初音ノコヽチ社スレ」と同意。
○二二六―假法一三一
○二二七―假法一三二

しなむが、大義なる由、ある人申され候。常式《つねしき》(一)の心中にはかはりゆ事に候。

二二八 同行同侶(二)の目をはぢて、冥慮(三)をおそれず。たゞ冥見(三)をおそろしく存ずべきことに候。

二二九 たとひ正義たりとも、しげからん(四)事をば停止すべきよしに候、まして世間の義停止候はんことゝしかるべく候。いよ〳〵増長すべきは信心にて候よしに候。

二三〇 蓮如上人仰せられ候、佛法にはまゐらせ心(五)わろし、これをして御心に叶はん、と思ふ心なり。佛法の上には、なにごとも報謝と存ずべきことなり、と云云。

二三一 人の身には、眼耳鼻舌身意の六賊(六)ありて、善心を奪ふ、これは諸行のことなり。念佛はしからず、佛智(七)の心をうるゆゑに、貪瞋癡の煩惱をば佛の方より刹那《せちな》(八)にけし(九)たまふなり、故に「貪瞋煩惱中能生清淨願往生心(一〇)」といへり、正信偈には「譬如日光覆雲霧、雲霧之下明無闇」といへり。

(一)式—底(シキ)の借字。の如きもの、ほど。

〇二二八—假法一三三

(二)同行同侶—「輔行」に「己他互同、遞相策發、人異行同、故名同行」。侶は伴侶、道づれのこと。

(三)冥慮冥見—同意に用ゐらる。心の實不を知るが冥慮。形の善惡を見るが冥見。

〇二二九—假法一三四

(四)しげき事—法義を説くに種々の義を並べ立つこと。

〇二三〇—假法一三五

(五)まゐらせ心—いはゆる自力の廻向心。

〇二三一—假法一三六

(六)六賊—眼耳等の六根は直に賊ならねど色聲香味等の外賊を誘ひ貪瞋等の煩惱の內賊を働かしむる賊媒なる故に六賊といふ。

(七)佛智の心—佛智不思議の信心。

(八)刹那—梵語。時間の最少限。

(九)けす—八三條參照。

(一〇)貪瞋煩惱中—「散善義」の文。

二三二 一句一言を聽聞するにも、(一)得手《えて》に法をきくなり。たゞよく聞きて、心中の通りを同行にあひて談合すべきことなり、と云云。

二三三 蓮如上人仰せられ候、神(二)にも佛にも馴れては、手ですべき事を足でするぞ、と仰せられ候。如來 聖人 善知識にも、馴れ申すほど、御心やすく思ふなり。なれ申すほどいよ〳〵渇仰の心をふかくはこぶべきことなる由、仰せられ候。

二三四 口と(身の)はたらきとは、△志似するものなり、△こゝろねなりがたきものなり、涯分(三)心のかたをたしなみ申すべき事なり、と云云。

二三五 衣裝等にいたるまで、わが物と思ひ、踏みたゝくること、あさましきことなり。悉く聖人の御用《ゆう》佛物にて候あひだ、蓮如上人は、めしものなど御足にあたり候へば、御いたゞき候よし、うけたまはりおよび候。

○二三二—假法一三七
(一)得手—我が意にまかせて、都合よきやうに。
○二三三—假法一三八
(二)神にも云々—一五條參照。
○二三四—假法一三九
△志似する—假法「志」字なし。「一期記」「仕歟」と傍記す
△こゝろね—假法「がよく」三字を加ふ
(三)涯分—己が力の限り。
○二三五—假法一四〇

二三六 （一）王法をば （二）額にあてよ、佛法をば 内心に 深く 蓄へよ、と の 仰せに 候。（三）仁義と いふ ことも、△（四）端々《はしはし》に あるべき こと なる よしに 候。

二三七 蓮如上人 御若年の 比は、御迷惑の 事にて 候ひし。たゞ 御代に 佛法を 仰せたてられん、と 思召し候 御念力 一ッにて、御繁昌 候、御一身 御辛勞の ゆゑに 候。

二三八 御病中に 蓮如上人 仰せられ 候、御代に 佛法を 是非とも 御再興 あらん、と 思召し候 御念力 一ッにて、かやうに いま 皆々 心易く ある ことは、この 法師が 冥加に 叶ふ により ての こと なり、と （五）御自證 あり、と 云云。

二三九 蓮如上人 昔は （六）こぶくめを めされ 候。白小袖 とて 御心易く 召され候 御事も、御入りなく候 よしに 候。いろ〳〵 御（七）かなしかりける 御事ども 折々 御物語 候。いま〳〵の 者は さやうの 事を 承り候て、冥加を 存ずべき の 由、くれ〴〵 仰せられ候 由に 候。

○二三六―假法一四一
（一）王法―國王の法度。國法。
（二）額にあてよ―御文二帖目六通「外ニハ王法ヲモテ表トシ、内心ニハ他力ノ信心ヲ深ク蓄ヘ」と同意。國法を遵守するなり。
（三）仁義―人の守るべき道德。
△端々に―假「に」字なし、法「端正」に作る
（四）端々《はしはし》に―萬事について諸事萬端。
○二三七―假法一四二
○二三八―假法一四三
（五）自證―自ら證明する事「遺德記」にも「今眞宗ヒロマリ末弟安穏ニ住スル事偏ニ我矜哀ノ念力ニ依テナリト御自證アリケリ」とあり。
○二三九―假法一四四
（六）こぶくめ―一說に小木綿と書きて、木綿布子とす。又說に粉含と書き、紙子に白粉を置きたる物か。白小袖の代用とす。
（七）かなし―身に染みて切に思ふこと。痛感。艱難辛苦する。

二四〇 よろづ 御迷惑にて、油を めされ候はん にも、御用脚(一) なく候間、やう〳〵 京の黒木(二)を すこしづゝ 御とり候て、聖教など 御覧候 よしに 候。又、少々は 月の光にても 聖教を あそばされ 候。御足をも 大概 水にて 御洗ひ 候。又、二三日も 御膳 まゐり 候はぬ ことも 候 よし、承り及び 候。

二四一 人をも 甲斐〴〵しく 召使はれ 候はで ある ゆゑ、幼童(三)の襁褓《むつき》をも 御ひとり 御洗ひ候 など、仰せられ候 由に 候。

二四二 存如上人 召しつかはれ候 小者を 御雇ひ候て、めしつかはれ候 由に 候。存如上人は 人を 五人 召使はれ 候。蓮如上人 御隠居の 時も、五人 めしつかはれ 候。當時は 御用にて 心のまゝなる こと、そらおそろしく、身も いたく かなしく 存ずべき 事にて 候。

二四三 蓮如上人 仰せられ 候、昔は 佛前に 祇候の 人は、もとは(四)紙絹《かみこ》に 輪△(五)を さし 着 候。今は 白小袖にて、結句(六) きがへを所持 候。既に その比は 禁裏にも 御迷惑にて、質を おかれ

〇二四〇——假法一四五
(一)用脚——錢の異名。錢を無足而走の語よりアシといふと同じ。
(二)黒木——木の枝のいぶしたるもの、八瀬大原より出して京市内に賣る。大原木ともいふ。
〇二四一——假法一四六
(三)幼童——長祿元年父存如入滅、蓮師住持職を襲ぐ時四十一歳、既に四男三女あり。
〇二四二——解法一四七
〇二四三——假法一四八
(四)紙絹——紙子と書くを正とす。一種の白紙に柿澁などひき、揉み柔らげて作る。
(五)輪をさす——覆輪のこと袖口等に他の切を以て縁をとること(「御若年砌事」に「白御小袖一ツ御座候ヒツレドモ紙絹《シテキリ》ニテ、紙ニテ、裏ヲサセラレ、御袖口バカリヲ絹ニテスコシサセテ」)
△輪——假法「輻」に作る。
(六)結句——却つて。

て御用辨せられ候、とひきごと《引言》(一)に御沙汰候。

二四四　又仰せられ候、御かなしく候て、京にて古き綿を御とり候て、御一人《ひとり》御ひろげ候事あり。又、御衣はかた《肩》の破れたるをめされ候。白き御小袖は美濃絹のわろきを求め、やう〳〵一ツめされ候よし、仰せられ候。當時はかやうの事をも知り候はで、あるべきやうにみな〳〵存じ候ほどに、冥加につき申すべし、一大事との仰せに候。

二四五　同行善知識にはよく〳〵ちかづくべし、親近せざるは雜修の失也、と禮讃(二)にあらはせり。惡しき者に近づけばそれには成らじと思へども、惡しき事より〳〵にあり、たゞ佛法者にはなれちかづくべきよし仰せられ候。俗典(三)に云く、「人の善惡は近習による」と、又、「其の人を知らんと思はゞその友を見よ」、といへり、「善人の敵とはなるとも、惡人を友とすることなかれ」、といふ事あり。

二四六　△(四)きけばいよ〳〵かたく、あふげばいよ〳〵たかし、と

(一)引言―説明に他事を引きて證とし譬として說くこと。引例。
○二四四―假法一四九
○二四五―假法一五〇
(二)『禮讃』に雜修十三失を擧ぐる第十二に「人我自ラ覆ウテ同行善知識ニ親近セズ」と。
(三)以下典據不明。類似のものを擧ぐれば、『論語』「性相近也、習相遠也。」『孔子家語』「與善人共居、如入芝蘭室、久而不聞其香與之化矣。與不善人居、如入鮑魚肆、久而不聞其臭、亦與之化。」『探玄記』「欲觀其人、先觀其友等。」『十誦律』「單爲智者讎、不爲無智親。」
○二四六―假法一五一
△きけば、きゝて―法「キレバ」「キリテ」に改むるを可とす
(四)『論語』に「之ヲ仰ゲバ彌高ク、之ヲ鑽《キ》レバ彌堅シ」とあり。

いふ こと あり。ものを きゝ△て みて、かたきと しる なり。本願を 信じて、殊勝なる ほども しる なり。信心 おこりぬれば、たふとく ありがたく、よろこびも いやましに なる なり、と 仰せられ 候。

二四七　凡夫の身にて 後生たすかる ことは、たゞ 易きと ばかり思へり。難中之難(一) と あれば、たやすく 發《おこ》し がたき 信なれども、佛智より △易往に 成就し たまふ こと なり。往生(二)ほどの 一大事、凡夫の はからふべき ことに あらず、と いへり。實如上人 仰せられ 候、後生 一大事 と 存ずる 人には、御同心 あるべき 由、仰せられ 候、と 云云。

二四八　蓮花の上に 坐せぬ 間は、安堵の 思ひ あるべからず、と黒谷聖人(三)の 御詞にも あり。水鳥も、上は たのしむ やうなれども、足をば 油斷なく はたらかす なり。信の上は いよ〳〵 讃嘆談合 おのづから 油斷 あるまじく 候。しかれば、讃嘆談合を 佛法の 慧命(四)と 仰せられ 候。

○二四七―假法二五二
(一)大經に「若聞斯經、信樂受持、難中之難、無過此難」と。
△易往に―假法「易得」に作る。
(二)往生云々―『執持鈔』の文。
○二四八―假法なし
(三)黒谷聖人の御詞―『和語燈錄』に「或時又言バク、アハレ此タビシオホセバヤト。其時乘願申サク、上人(法然)ダニモ加樣ニ不定ゲナル仰ノ候ハンニハ、マシテ其餘ノ人ハ云何候ベキト。其時上人打笑テ言ク、蓮臺ニ乘ラマデハイカデカ此思ヒハ斷ヘ候ベキ」。
(四)慧命―肉の命に對して法の命を指す。

二四九　佛説に　信謗　あるべき　由、とき《説》おき　たまへり。信ずる　者　ばかりにて、謗ずる　者　なくば、説きおき　たまへる　ことい　かゞ　とも　思ふべき　に、はや　謗ずる　者　ある　上は、信ぜん　に　おいては　必ず　往生決定、との　仰せに　候。歎異鈔にあり。

二五〇　同行の　前にては　よろこぶ　なり、これ　名聞　なり。信の上　は、ひとり居て　よろこぶ　法　なり。

二五一　佛法の方へは　世間の　(一)ひまを　かきて　聞くべし、世間の　ひ　まを　あけて　法を　きくべき　やうに　思ふ　こと、あやまり　な　り。佛法には　明日と　いふ　事は　あるまじき　由、仰せられ候　「たとひ　(二)大千世界に　みてらん　火をも　すぎゆきて　佛の御名《みな》　を　きく　人は　ながく　(三)不退に　かなふ　なり」と、和讃にも　あ　そばされ　候。

二五二　法敬　申され　候　と　云云、人々　寄合ひ　雑談　ありし　なかば　に、ある人　ふと　座敷を　たゝれ　候。△座の人　いかにと　問ひ　ければ、一大事の　急用　あり　とて、たゝれけり。その後、先日

○二四九―假法一五三
○二五〇―假法一五四
○二五一―假法一五五
(一)ひま―時、光陰。―事を行ふに好き時、機會。
(二)大千世界―欲界と色界の第一禪天とを合せて一世界といふ。その千倍を小千世界、その千倍を中千世界、又そのまた千倍を大千世界、三千大千世界ともいふ。
(三)不退―不退轉ともいふ信心を得る者は正定聚として、更に成佛すべき身と定まり、故に是を退轉することなし、ふ。を不退の位ともい
○二五二―假法一五六
△座の人―假法「上人」に作る

はいかにふと御立ちゆや、と問ひければ、申されけるは佛法の物語約束申したる間、あるもあられずして、まかりたちゆよし申され候。法義にはかやうにぞこゝろをかけゆべきことなる由、申され候。

二五三　佛法をあるじ(一)とし、世間を客人(一)とせよ、といへり。佛法の上より世間の事は時にしたがひあひはたらくべきことなり、と云云。

二五四　蓮如上人へ南殿にて、存覺(一)御作分の聖教、ちと不審なる所をいかゞとて、兼縁蓮如上人へ御目にかけられ候へば、仰せられ候、名人のせられゆものをば、そのまゝにておくことなり、これが名譽なり、と仰せられ候なり。

二五五　蓮如上人へ或人申され候、開山の御時の事申され候、これはいかやうの子細にて候、と申されければ、仰せられ候、われもしらぬことなり、何事も〳〵しらぬことをも開山のめされゆやうに御沙汰候、と仰せられ候。

○二五三―假法一五七
(一)あるじ。「客人」―「和語燈」「煩悩具足ノ我等ナレバ、カクハ心得タレドモ常ニ煩悩ハオコルナリ、然レドモ煩悩ヲバ客人トシテ念佛ヲバ主トシツレバ、佛ノ心ニ往生ヲサヘヌナリ」。是ヲ轉用せられたか。

○二五四―假法一五八
(一)存覺―四〇三條解見よ。

○二五五―假法一五九

二五六 總別 人には おとる まじき と 思ふ 心 あり、この心にて 世間には 物も 仕習ふ なり。佛法には 無我にて 候 うへは ひとに まけて 信を とるべき なり、△(一)理を まけて 情を をる こそ 佛の 御慈悲 なり、と 仰せられ 候。

二五七 一心とは、彌陀を たのめば、如來の(二)佛心と 一ッに なした まふが ゆゑに、一心と いふ なり。

二五八 或人 申され 候 と 云々、われは 井の水を のむも、佛法の 御用《ゆう》 なれば、水の 一口も 如來聖人の 御用と 存じ候 由、申 され 候。

二五九 蓮如上人 御病中に 仰せられ 候、御自身は なにごとも お ぼしめし立ち 候 ことの、成りゆく ほどの ことは あれども ならぬ と いふ こと なし。さりながら、人の 信なき こと ばかりを かなしく 御なげき 思召候 由、仰せられ 候。

二六〇 同じく 仰せられ 候、何事も 思召す まゝに 御沙汰 あり、聖人の 御流をも 御再興 候て、(三)本堂 御影堂 をも たてられ

〇二五六—假法一六〇
△理をまけて—法「理ヲミテ」に作る。
(一)理をまけて—我が道理ありと思ふ事も相手にまけて。
〇二五七—假法一六一
(二)佛心—『眞要鈔』に「ソノコトハリヲキヽテ一念解了ノ心オコレバ佛心ト凡心トマタクヒトツニナルナリ」と。それをうけて御文に「行者ノワロキ心ヲ如來ノヨキ御心ト同ジモノニナシタマフナリ」とあり。一五七條參照。
〇二五八—假法一六二
〇二五九—假法一六三
〇二六〇—假法一六四
(三)本堂—山科阿彌陀堂。

御住持をも 御(一)相續 あり、大坂殿を 御建立 ありて、御隱居候。然れば、我れは「(二)功成り 名 遂げて、身 退くは 天の道なり」、と いふ 事も、御身の上 なるべき よし、仰せられ 候、と 云云。

二六一 御病中に たび〳〵 慶聞坊に 仰せられ 候 と 云云、「(三)賊縛の比丘は 王遊に 草繫を脫し、(四)乞食の沙門は 鵞珠を 死後にあらはす」、と いふ(五)戒文を たび〳〵 仰せられ 候 由に 候。御滅後に 不思議を あらはさるべき の 仰せに 候。

二六二 (六)敵の陣に 火を とぼす を、火にて なき とは 思はず、いかなる人 なりとも、(七)御ことばの とほりを 申し、御詞を よみ申さば、信仰し うけたまはるべき こと なり、と 云云。

二六三 蓮如上人 をり〳〵 仰せられ 候、たゞ 佛法の義をば よく〳〵 人に 問へ、物をば 人に よく 問ひ申せ、と 仰せられ 候。誰に 問ひ申すべき 由 うかゞひ 申しければ、佛法だに あらば、上下を いはず 問ふべし。佛法は 知りさうも なき

(一)御相續―實如に讓る。
(二)第一條參照。
〇二六一―假一六五法なし
(三)賊縛比丘脫草繫於王遊―諸比丘曠野を行きて賊に劫掠せられ草を以て繫がる。挽き絕ちて草を損じ戒法に背かんことを恐れて敢て逃れ去らず。偶ゝ國王田獵して是を知り爲に草繫を解く。
(四)乞食沙門顯鵝珠於死後―一比丘乞食して穿珠の家に至る、珠師偶ゝ摩尼珠を穿つ、珠比丘の衣に映じて赤く肉の如し。珠師舍に入り、比丘の爲に食を取る間に、一鵝來りて珠を呑む。珠師出でて珠の在らざるを見て、比丘を詰め、遂に其面を擊ち血を流す。鵝その血を食ふ、珠師怒りて又鵝を擊つ。比丘鵝の死するを見て、其實を告ぐ。珠師號哭懺悔す。
(五)戒文―戒律の條文。
〇二六二―假一六六、法一六五
(六)敵の陣云々―疑ふに疑はれぬ喩。
(七)御詞―諸解遷師の御詞とす、從つて此一條は餘人の詞となる。
〇二六三―假一六七、法一六六

ものが ゐるぞ、と 仰せられ 候。

二六四 蓮如上人 無文(一)の物を きる ことを 御嫌ひ 候、殊勝さうに みゆる、との 仰せに 候。又、墨(二)の黒き 衣を 着ゆ を 御きらひ 候。墨の黒き 衣を きて 御前へ 參れば、仰せられ 候、衣(三)紋 たゞしき 殊勝の 御僧の 御出で 候、と 仰せられ 候て、いや、われは 殊勝にも なし、たゞ 彌陀の本願 殊勝なる 由、仰せられ 候。

二六五 大坂殿にて、文の ある 御小袖(四)を させられ、御座の上に 掛けられて おかれゆ 由に 候。

二六六 御膳 まゐりゆ ときには、御合掌 ありて、如來聖人の 御用《ゆう》 にて 着 喰ふよ、と 仰せられ 候。

二六七 人は あがり〳〵て おちば(五)を 知らぬ なり、たゞ つゝしみ て、不斷 そらおそろしき ことゝ、毎事に つけて 心を もつ べき 由、仰せられ 候。

二六八 往生は 一人々々の しのき(六) なり、一人々々 佛法を 信じて

○二六四—假一六八、法一六七

(一)無文の物—模様なき衣服、鼠色の衣服の類。

(二)墨の黒き衣—一〇〇條參照。

(三)衣紋—裝束着用等の方式。

○二六五—假一六九、法一六八

(四)小袖—絹布の綿入、モメンの綿入(布子《ぬのこ》)に對す。

○二六六—假一七〇、法一六九

○二六七—假一七一、法一七〇

(五)おちば—落場、『一期記』に從ふ。

○二六八—假一七二、法一七一

(六)しのき—諸解しのぎと讀む。されど、しのぎは一時しのぎなど熟して怺《こら》へることなり。實悟師は仕退歟と傍記せらる。

後生をたすかることなり、餘所事《よそごと》のやうに思ふこと、かつうはわが身を知らぬことなり、と圓如仰せ候ひき。

二六九 大坂殿にてある人蓮如上人に申され候、今朝曉(一)より、老いたる者にて候が、まゐられ候、(二)神變なる事なる由、申され候へば、やがて仰せられ候、信だにあれば、辛勞とは思はぬなり。信の上は、佛恩報謝と存じ相働けば、苦勞とは思はぬなり、と仰せられし、と云云。老者は田上の了宗なり、と云云。

二七〇 南殿にて人々よりあひ、心中をなにかとあつかひ申す所へ、蓮如上人御出でゐて、仰せられ候、何事をいふぞ、何事のあつかひも思ひすてゝ、一心に彌陀をうたがひなくたのむばかりにて、往生は佛のかたより定めましますぞ、その(三)支證は南无阿彌陀佛よ、この上には何事をあつかふべきぞ、と仰せられ候。不審などを申すにも、多き事をたゞ御一言にて、(四)はらりと不審もはれ申し候ひし、と云云。

○二六九―假一七三、法一七二
(一)曉―丑の時(午前二時)。
(二)神變―神の通力などの測り知るべからざること。
○二七〇―假一七四、法一七三
(三)支證―明白なる證據、わりふ。支は兩分したる一片。
(四)はらりと―物事の趣の俄かに變る狀に云ふ語。がらりと。

二七一 蓮如上人、
おどろかす かひこそ なけれ 村雀(一)
耳なれぬれば なることにぞ ゐる
この歌を 御引き ありて、折々 仰せられ 候、たゞ 人は みな 耳なれ雀 なり、と 仰せられし、と 云云。

二七二 心中を あらためん とまでは 思ふ 人は あれども、信を とらん と 思ふ 人は なき なり、と 仰せられ 候。

二七三 蓮如上人 仰せられ 候、方便(二)を わろしと いふ 事は ある まじき なり。方便を もて 眞實(三)を あらはす、廢立の 義 よく 〳〵 あるべし、彌陀 釋迦 善知識 の 善巧方便《ぜんげうはうべん》に よりて、眞實の信を ばうる こと なる 由、仰せられ 候、と 云云。

二七四 御文は これ 凡夫往生《ぼんぶわうじやう》の 鏡 なり、御文(四)の うへに 法門(五) あるべき やうに 思ふ 人 あり、大きなる 誤り なり、と 云云。

二七五 信の上に、我れは 信を えず、と 申す さへ、佛法の上にては 僞り と 候。 ましてや 不信の人の 信ある 氣色、大名聞

○二七一―假一七五、法一七四
(一)村雀―村は群の借字。
○二七二―假一七六、法一七五
○二七三―假一七七、法一七六
(二)方便―方法を用ゐて衆生を教へ導くこと。轉じてタクラミ策略を方便といふによりて惡しと思ふなり。
(三)眞實をあらはす―權假方便とて、眞實に入らしむる爲の淺近の教あり、觀經に說く定善十三觀や三福九品の散善は弘願念佛に入らしむる權假方便にて、定散二善を廢して專修念佛を立てんが爲なり。
○二七四―假一七八、法一七七
(四)御文のうへ―御文以上に。二八二條に當流にはこれより外の法門はなきとあり。
(五)法門―法は教法、門は通入の義で、教により迷を脫し悟に入る門。轉迷開悟の教。
○二七五―假法なし

なり。或人の 云く、他力の信を 佛智より たまはりぬる 上は、卑下すべき ことにも あらず、と いへり。

二七六 信の上は、佛恩の稱名 退轉(一) あるまじき 事 なり、あるひは心より たふとく ありがたく 思うて、念佛する をば、佛恩と思ひ、たゞ 念佛の 申されゆ をば、それほどに 思はざる こと、おほきなる 誤り なり。おのづから 念佛の 申され 候こそ、佛智の 御もよほし、佛恩の稱名 なれ、と 仰せごと 候。

二七七 信の上は、たふとく 思うて 申す 念佛も、又 ふと 申す 念佛も、佛恩(報謝)に そなはる なり。他宗には、親のため 又何のため なんど と いうて、念佛を つかふ なり。聖人の御流には、彌陀を(二) たのむ が 念佛 なり、その上の 稱名は 何ともあれ 佛恩に なる もの なり、と 仰せられ 候、と云云。

二七八 或人 云く、蓮如上人の 御時、南殿にて ある人 見迦《けが》(三)に 蜂を殺しゆひしに、思ひよらず 念佛 申され 候。その時、何と思うて 念佛をば 申したる、と 仰せられ 候へば、たゞ かは

○二七六―假一七九、法一七八
(一)退轉―退はあともどりすること。轉は他へ移ること。
○二七七―假一八〇、法一七九
(二)彌陀をたのむが念佛―信心の體念佛なり。御文に一流の心の體と云事南無阿彌陀佛の六字の姿なりとありて、こゝも名號とありとあるべきを念佛とあるは自他宗對辨する爲である。宗祖も念佛即ち南無阿彌陀佛といはれた。
○二七八―假一八一、法一八〇
(三)見迦に―怪我とも書く、思はずあやまつて。

いや と 存じ、ふと 申し 候、と 申されければ、仰せられ 候、信の上は、何とも あれ 念佛 申すは、報謝の義と 存ずべし、みな 佛恩に なる、と 仰せられ 候、と 云云。

二七九 南殿にて 蓮如上人、のれん《暖簾》を 打あげられて、御出で 候 とて、南无阿彌陀佛〳〵と 仰せられ 候て、法敬 この心 志りたる か、と 仰せられ 候。なにとも 存ぜず 候、と 申されゆへば、仰せられ 候、これは われを 御たすけ 候、御うれしや たふとや、と 申す 心よ、と 仰せられ 候、と 云云。

二八〇 蓮如上人へ (一)ある人西國の人と云々、安心の とほりを 申され 候。安心の 一とほりを 申されゆへば、仰せられ 候、申しゆ ごとく心中 候はゞ、それが 肝要、と 仰せられ 候。

二八一 同じく 仰せられ 候、當時 詞にては 安心のとほり 同じやうに 申され 候。志かれば 信治定の人に (二)まぎれて、往生を仕損ずべき ことを かなしく 思召しゆ 由、仰せられ 候。

二八二 同じく 仰せられ 候、佛法を (三)さしよせて いへ〳〵、と 仰

○二七九―假一八二、法一八一
○二八〇―假一八三、法一八二
(一)ある人―四三條參照。
○二八一―假一八四、法一八三
(二)まぎれて―一五九條、一六八條參照。
○二八二―假法一八五
(三)さしよせて―一五三條參照。

せられ候。△法敬に對し仰せられ候、信心安心といへば、愚癡の人はまだもしらぬなり、信心安心などいへば、別（致）のやうにも思ふなり、たゞ凡夫の佛になることを思ふべし、たゞ後生助けたまへと彌陀をたのめといふべし、いかなる愚癡の衆生なりとも、聞きて信をとるべし。當流にはこれより外の法門はなきなり、と仰せられ候。安心決定鈔に云く、「淨土の法門は第十八の願をよく〳〵こゝろうる外にはなきなり」といへり。志かれば御文（一）には、「一心一向に佛たすけたまへと申さん衆生をばたとひ罪業は深重なりとも、必ず彌陀如來はすくひましますべし。これすなはち第十八の念佛往生の誓願のこゝろなり」、といへり。

一八三　信をとらぬによりてわろきぞ、たゞ信をとれ、と仰せられ候。善知識のわろきと仰せらるゝは、信のなきとをわろきと仰せらるゝなり。然れば、蓮如上人或人を言（二）

△まだも—法「文字モ」に改む
（一）御文—五帖目第一通。
○二八三—假法一一八六
（二）言語道斷—心も詞も及ばず、極めて讃嘆するに云ふ。轉じて、惡意に用ゐられて、あきれて口がきかれぬ、沙汰の限り。

語道断わろき、と仰せられ候ところに、その人申され候、何事も御意のごとくと存じ候、と申され候へば、仰せられ候、（一）ふっとわろきなり、信のなきはわろくはなきか、と仰せられ候、と云云。

二八四　蓮如上人仰せられ候、何たる事をきこしめしても、御心にはゆめ〳〵叶はざるなり、一人なりとも人の信をとりたることをきこしめしたき、と（二）御持言に仰せられ候。御一生は、人に信をとらせたく思召し候よし仰せられし、と云云。

二八五　聖人の御流は、たのむ一念の所肝要なり。故に、（三）たのむといふことをば、代々あそばしおかれ候へども、委しくなにとたのめといふことをしらざりき。然れば、蓮如上人の御代に御文を御作り候て、雑行《ざふぎやう》をすてゝ、後生たすけたまへと、一心に彌陀をたのめ、と、あきらかにしらせられ候。然れば、御再興の上人にてましますものなり。

（一）ふっと―絶えて。断然。
〇二八四―假法一八七
（二）持言―つね〴〵の言。
〇二八五―假法一八八
（三）たのむ―宗祖は憑の字歸の字にタノムの訓を施さる。たしかなるものによりかゝりまかせること。彌陀の願力を力にすること。

二八六　よき事を　志たるが　わろき　こと　あり、わろき事を　志たるが　よき　こと　あり。よき事を　志ても、われは　法義に　ついて　よき事を　志たる　と　思ひ、我れと　いふ　こと　あれば、わろき　なり。あしき事を　志ても、心中を　ひるがへし、本願に　歸すれば、わろき事を　志たるが　よき　道理に　なる　由、仰せられ　候。志かれば　蓮如上人は、まゐらせ心が　わろき、と　仰せられ　候。

二八七　蓮如上人　仰せられ　候、思ひよらぬ　者が　分に　すぎて　物を　出だし候はゞ、一ッ(一)子細　あるべき　と　思ふべし。わがこゝろ　ならひに、人に　物を　いだせば、うれしく　思ふ　ほどに、何ぞ　用を　いふべき　ときは、ひとが　さやうに　する　なり、と　仰せられ　候。

二八八　ゆくさき　むかひ　ばかり　見て、足もとを　みねば、踏みかぶるべき　なり。人の　上　ばかり　みて、我が身の　上の　ことを　たしなまずは、一大事　たるべき、と　仰せられ　候。

○二八六—假法一八九
○二八七—假法一九〇
(一)子細—細かなることわけ、ゆゑよし、いはれ。
○二八八—假法一九一

二八九　善知識の 仰せ なりとも、成るまじき なんど 思ふは、大きなる あさましき こと なり、なにたる 事 なりとも、仰せ ならば 成るべき、と 存ずべし。この凡夫の身が 佛に なる うへは、さて(一) なるまじき、と 存ずる こと あるべき か。然れば、道宗 申され 候、近江の湖を 一人して うめよ と 仰せゆとも、畏りたる と 申すべく 候、仰せにて 候はゞ、ならぬ事 あるべき か、と 申されゆ 由に 候。

二九〇　「いたりて(二) かたきは 石なり、いたりて やはらか なるは水なり、水 よく 石を 穿つ、心源 もし 徹しなば、菩提の覺道 なにごとか 成せざらん、」と いへる 古き詞 あり。いかに 不信 なりとも、聽聞を 心に いれて 申さば、御慈悲にて候 あひだ、信を 得べき なり。たゞ 佛法は、聽聞に きはまる こと なり、と 云云。

二九一　蓮如上人 仰せられ 候、信決定の人を 見て、あのごとく ならでは、と おもへば なるぞ、と 仰せられ 候。あのやうに

○二八九―假法一九二
(一)さて―一四七條解見よ。
○二九〇―假法一九三
(二)いたりて云々―本據確かならず、遺教經に「汝等、常勤精進、譬如小水常流、則能穿石」と。「元亨釋書」に音羽の明詮の記事あり。
○二九一―假法一九四

なりて こそ、と 思ひすつる こと、あさましき こと なり。佛法には、身を(一) すて〻 のぞみ 求むる 心 より、信をば うる こと なり、と 云云。

二九二 人の わろき事は よく みゆる なり、わが身の わろき事は おぼえざる もの なり、我が身に 忘られて わろき事 あらば、よく〳〵 わろければ こそ、身に 忘られ 候、と 思うて、心中を あらたむべし。たゞ 人の いふ ことをば 信用すべし、わが わろき ことは おぼえざる もの なる 由、仰せ 候、と 云云。

二九三 世間の 物語 など ある 座敷にては、結句(二) 法義の ことを いふ ことも あり、さやうの 段(三)は 人なみ たるべし。心には 油断 あるべからず。あるひは 講演 又は 佛法の 讃嘆 など いふとき、一向に ものを いはざる こと、大きなる 違ひ なり、佛法讃嘆と あらん ときは、いかにも 心中を のこさず、相互に 信不信の 儀 談合 申すべき こと なり、と 云云。

二九四 金森の 從善(四)に ある人 申され 候、この間 さこそ 徒然《つれ〴〵》に

(一)身をすて—「般舟讃」に「若シ此法ノ希奇ノ益ヲ聞カバ身命ヲ顧ミズ要ズ得ント事ヲ求メヨ若シ能ク専ラ行ジテ命ヲ惜マザレバ命断ジテ須臾ニ安樂ニ生ゼン」。

〇二九二—假法一九五

〇二九三—假法一九六

(二)結句—事の終に。却つて。

(三)段—件《くだり》、節。

〇二九四—假法一九七

(四)從善—諸本善從に作る。今は實悟師に從ふ。もと道西と稱す、大谷破却の後六十六歳改名すと。

御入り候ひつらん、と申しければ、善申され候、我が身は八十にあまるまで、徒然といふことをしらず、その故は、彌陀の御恩のありがたきほどを存じ、和讃聖教等を拜見申し候へば、心面白くも、またたふときこと充滿するゆゑに、徒然なることもさらになく候、と申され候よしに候。

二九五　或人申され候とて、實如上人仰せられ候ひし。ある人善の宿所へゆき候ところに、履《はきもの》をも脱ぎ候はぬに、佛法のこと申しかけられ候。又ある人申され候は、履をさへぬがれ候はぬに、いそぎかやうには何とて仰せ候ぞ、と人申しければ、善申され候は、出る息《いき》は入るをまたぬ浮き世なり、若し履をぬがれぬ間に死去候はゞ、いかゞし候べき、と申され候。たゞ佛法のことはさしいそぎ申すべき由、仰せられ候。

二九六　蓮如上人善の事を仰せられ候ひし。いまだ（二）野村殿御坊

○二九五―假法一九八
○二九六―假法一九九
（二）野村云々―山科野村の本寺建立の義。

その沙汰も なきとき、神無森を とほり、國へ 下向の 時、輿（馬）より おりられゆて、野村殿の 方を さして、この通りにて 佛法が ひらけ申すべし、と 申され 候ひし。 人々、これは 年よりて かやうの ことを申され ゆ△か、と 申しげれば、終に 御坊建立にて 御繁昌 候、不思議の 事、と 仰せられ 候ひき。又、善は 法然の 化身 なり、と 世上に 人 申しつる、と 同じく 仰せられ 候ひき。 かの往生は (一)八月廿五日にて 候。

二九七 蓮如上人 (二)東山を 御出で 候て、何方に 御座ゆ とも 人存ぜず 候ひしところ、善 あなたこなた 尋ね申されければ、ある所にて 御目に かゝられ 候。 一段 御迷惑の 體にて 候ひつる 間、蓮如上人にも、さだめて 善 かなしまれ 申すべき、と 思召し 候へば、善 (三)ほかと 御目に かゝられ、あら ありがたや、はや 佛法は ひらけ 申すべきよ、と 申され 候。 つひにこのことば 符合 候。 善は 不思議の 人 なり、と 蓮如上人 仰せられ 候ひし 由、實如上人 仰せられ 候ひき。

△か、と—假法「ナド」に作る
(一)長享二年、滿九十歳。
〇二九七—假法二〇〇
(二)東山云々—寛正六年一月山徒東山大谷の坊舎を破却す。
(三)ほかと—思ひがけなく突然、不圖

二九八　實如上人、先年大永三蓮如上人廿五年の三月始比、御夢御覽候。御堂の上壇(段)南の方に蓮如上人御座ゆて、紫の御小袖をめされ候、實如上人へ對しまゐらせられ、仰せられ候、佛法は讃嘆談合にきはまる、能々讃嘆すべき由、仰せられ候。誠に夢想(二)ともいふべきことなり、と仰せられゆひき。然れば、その年殊に讃嘆を肝要と仰せられ候。それについて仰せられ候、佛法は(三)一人居《ひとり》てよろこぶ法なり、一人居てさへたふときに、二人よりあはゞいかほどありがたかるべき。佛法をばたゞよりあひ〳〵讃嘆申すべき由、仰せられ候ひき。

二九九　心中を改めゆはんと申す人、何△をも違ひゆと申され候、よろづわろきことをうめて△(三)埋、かやうに申され候。いろをたてきはをたてゝ申出して、改むべきことなり、と云云。なにゝ詮ずる詮する所、人のなほらるゝをきゝて、われもなほるべきと思うて、わがとがを申出さぬは、なほらぬぞ、

〇二九八—假法二〇一
(二)夢想—夢に神佛などの示現を得ること、ゆめのつげ。
(三)一人居て—二五〇條見よ。
〇二九九—假法二〇二
△何を以下六字—法「何ヲカ改メ候ハン」
△うめて—法「改メテト」に作る
(三)うめて—埋めかくして。

と仰せられ候、と云云。

三〇〇 佛法談合のとき物を申さぬは、信のなきゆゑなり、わが心にたくみ案じて申すべきやうに思へり、よそなるものをたづねいだすやうなり。心にうれしきことはそのまゝなるものなり、寒ければ寒い、熱ければ熱いと、そのまゝ心の通りいふなり。佛法の座敷にて物を申さぬことは、不信のいろなり。又、油斷といふことも、信のうへのことなるべし、細々に(一)同行によりあひ讃嘆申さば、油斷はあるまじき由に候。

三〇一 蓮如上人仰せられ候、一心決定の上は彌陀の御たすけ(二)ありたりといふは、さとりの方に(似)て、わろし。たのむところにて、たすけたまひ候ことは歴然に候へども、御助けあらうず、というてしかるべき由、仰せられ候と云云。

一念歸命の時、不退の位に住す、これ不退の密益(三)なり、これ涅槃分(四)なる由、仰せられ候、と云云。

〇三〇〇―假法二〇三

(一)細々に―「再々に」の當字。

〇三〇一―假法二〇四

(二)御たすけありたり―六六條參照。今は滅度の證を現世の益なりと執するものを改めん爲の御詞なり。

(三)密益―『眞要鈔』にある名目、顯益に對す、覺えず知らねども密かに與へ給ふ利益。

(四)涅槃分―分は因分で、涅槃の果に至る因の位が正定聚不退の位なり。

三〇二　ある人△〔瞻西上人の事なりと云々〕攝取不捨の ことわりを 知りたき と、(一)雲居寺の 阿彌陀に 祈誓 ありければ、夢想に、阿彌陀の 今の人の 袖を とらへ たまふに、にげけれども 志かと とらへて、はなし たまはず。攝取と いふは、(二)にぐる 者を とらへて おき たまふ やうなる ことと と、こゝにて 思ひ付きけり。 これを 引き言《こと》に 仰せ 候ひき。

三〇三　蓮如上人 御病中に、兼譽 兼縁 御前に 祗候して、あるとき 尋ね申され 候、冥加と いふ ことは 何と 志たる ことにて 候、と 申せば、仰せられ 候、(三)冥加に 叶ふ と いふは、彌陀を たのむ こと なる 由、仰せられ 候、と 云云。

三〇四　人に 佛法の事を 申して よろこばれば、われは その よろこぶ 人よりも なほ たふとく 思ふべき なり、佛智を つたへ申す に よりて、かやうに 存ぜられ 候 ことゝ 思うて、佛智の 御方を ありがたく 存ずべし、との 義に 候。

三〇五　御文を よみて 人に 聽聞 させ候 とも、報謝と 存ずべし。

〇三〇二―假法二〇五
△瞻西上人―法「德大寺ノ唯蓮坊」に作る。良忠の「決疑鈔」に依つて改めたるか。
(一)雲居寺の阿彌陀―桓武天皇御菩提の爲に建てらる、天治年中瞻西上人是を再興して八丈の彌陀像を安置し、奈良大佛と並び稱せらる。東山高臺寺邊にありしといふも今廢絕せり。
(二)にぐる者―和讚左訓にも「攝ハモノヽニグルヲオサヘトルナリ」とあり。
〇三〇三―假法二〇六
(三)冥加に叶ふ―普通には、衣食住不足なきをいふなれど、今はその根本たる信心を得ることで答へ給ふ。
〇三〇四―假法二〇七
〇三〇五―假法二〇八

一句一言も 信の上より 申せば、人の信用も あり、又 報謝と
も なる なり。

三〇六 蓮如上人 仰せられ 候、(二)彌陀の光明は、たとへば ぬれたる物を ほすに、上より ひ《干》て 下まで ひる ごとくなる こと なり、これは 日の力 なり。決定の心 おこる は、これ 卽ち 他力の 御所作 なり。罪障は ことごとく 彌陀の 御けし ある こと なる 由、仰せられ 候、と 云云。

三〇七 信治定の 人は、誰に よらず、まづ みれば、すなはち たふとく なり 候。これ、その人の たふときに あらず、佛智を えらるゝが 故 なれば、いよいよ 佛智の ありがたき ほどを 存ずべき こと なり、と 云云。

三〇八 蓮如上人 御病中の時 △仰せられ 候、御自身 何事も 思召し のこさるゝ こと なし、思召す ことの 成らぬ ことは なき なり。それに ついて、御往生 あるとも、御身は 思召し のこさるゝ こと なし、但し 御兄弟中 そのほか 誰々も、信の な

〇三〇六―假法二〇九
(二)彌陀の光明―光明の利益として信心決定することと罪障消滅とを擧ぐ。
〇三〇七―假法二一〇
〇三〇八―假法二一一
△思召以下四十四字―法になし

きを かなしく 思召し 候。世間には、よみぢの さはり と いふ こと あり、我れに おいては、往生す とも それ なし。たゞ 信の なき こと、これを 悲しく 思召しゆ 由、仰せられ 候、と 云云。

三〇九 蓮如上人、あるひは 人に 御酒をも 下され、物をも くだされて、かやうの ことを ありがたく 存じゆて、近づけ させられ 候て、佛法を、御きかせ 候、されば、かやうに 物を くだされゆ ことも、信を とらせらるべき ためと 思召せば、報謝 と 思召しゆ 由、仰せられ 候、と 云云。

三一〇 同じく 仰せに、(佛法を) 心得た と おもふは こゝろえぬ なり、心得ぬ と 思ふは こゝろえたる なり。彌陀の 御たすけ あるべき ことの たふとさよ、と 思ふが こゝろえたる なり、少しも 心得たる と 思ふ(一) ことは あるまじき こと なり、と 仰せられ 候、と 云云。されば、口傳鈔に 云く、「されば、この機の うへに たもつ ところの 彌陀の 佛智を つのり(二)と

〇三〇九—假法二一二
〇三一〇—假法二一三
(一) この間に「一期記」は「心得タリト思フハ慢心ナレバ大ニアサマシキナリ。心得マジキ事ヲ心得ルハ佛ノ御慈悲ニヨリテナレバ、心得ルハ凡夫ノ心得ザルナリ」の文を補足す。
(二) つのり—募なり。廣く求むるなり。まだもまだくもと乞ひ求むること。

せんより ほかは、凡夫 いかでか 往生の得分 あるべきや」、と いへり。

三一　背生の願生、坊主の 聖教を よまれ候 を きゝて、聖教は殊勝に 候へども、信が 御入り なく 候 あひだ、たふとくも御入り なき、と 申され 候。この事を 蓮如上人 聞召《きこしめ》され、犾生《うぎふ》の蓮智(一)を 召登せられ、御前にて 不斷 聖教を よませられ、法義のことをも 仰せ聞かせられ、願生に 仰せられ 候、蓮智に 聖教をも 讀み習はせ、佛法のことをも 仰せ聞かせられ候 よし 仰せ候て、國へ 御下し 候。その後は、聖教を よまれ候へば、今こそ 殊勝に候へ とて、ありがたがられ 候よしに 候。

三二　蓮如上人、幼少なる 者には、まづ 物を よめ、と 仰せられ候。又 その後は、いかに 讀む とも 復せずは 詮 あるべからざる 由、仰せられ 候。ちと 心も つき候へば、いかに 物を よみ 聲(二)を よく 讀み知りたり とも、義理を わきまへて

〇三一―假法二一四
(一)蓮智―前文の坊主なり蓮字を法名とする故、相當大寺の坊主ならんが、未詳。
〇三二―假法二一五
(二)聲―平上去入の四聲の事なれど、今は音譜をよくすといふほどの意。

こそ と 仰せられ 候。その後は、いかに 文釋を 覺えたりと も、信が なくば いたづらごとよ、と 仰せられ候 由に 候。

三一三 心中のとほりを ある人 法敬坊に 申され 候、御詞の ごとくは 覺悟 仕り 候へども、たゞ 油斷 不沙汰 にて、あさましき こと のみに 候、と申され 候。その時 法敬坊申され候、それは 御詞の ごとく にては なく 候、勿體なき 申され言に 候。御詞には 油斷 不沙汰 な 仕《し》そ、とこそ あそばされ候へ、と 申され 候、と 云云。

三一四 法敬坊に 或人 不審 申され 候、これほど 佛法に 御心をも いれられ候 法敬坊の尼公の 不信なる、いかゞ《然》の義に 候由、人 申し 候へば、法敬坊 申され 候、不審は さること なれども、これほど 朝夕 御文を よみ候 に、驚き申さぬ 心中が、なにか 法敬が 申し分にて 聞き入れ 候べき、と 申され候、と 云云。

三一五 順誓 申され 候、佛法の 物語 申すに、かげ《陰》にて 申し候 段

〇〇三一三―假法二一六
〇〇三一四―假法二一七
〇〇三一五―假法二一八

は、なにたる わろき ことをか 申すべき と 存じ、腋より 汗がたり申し 候。蓮如上人 きこしめす 所にて 申しゝ 時は、わろき 事をば やがて 御なほし あるべき、と 存じゝ 間、心安く 存じゝて、物が 申されゝ 由、申され 候、と 云云。

三六 信の上は さのみ わろき事は あるまじく 候、あるひは 人の いひゝ など とて、あしき事 などは あるまじく 候。今度 生死の結句(一)を きりて、安樂に 生ぜん、と 思はん ひと、いかんとして あしさまなる 事を すべきや、との 仰せに 候。

三七 信をば 得ずして、よろこび 候はん、と 思ふ こと、たとへば 糸にて 物を ぬふ に、あとを そのまゝ にて ぬへば ぬけゝやうに、よろこび 候はん と 思ふとも、信を 得ずは いたづらごと なり。よろこべ 助け たまはん、と 仰せられゝ 事にては なく 候、たのむ 衆生を たすけ たまはん との 本願にて 候。△信心には(二) おのづから 名號を 具する もの なり、と いへり。

○三一六—假二一九、法一八四
(一)結句—結末。
○三一七—假二二〇、法なし
△信心以下—假になし
(二)信心には—本典信卷に「眞實心必具名號」とあり。

三一八 蓮如上人 仰せられ 候、不審と 一向志らぬとは 各別 なり 知らぬ事をも 不審と 申す こと、いはれなく 候。物を 分別 して、あれは なにと、これは いかゞ、など いふ やうなる ことが、不審にて 候。子細も 知らずして 問ひ申す ことを、不審と 申しまぎらかし 候 よし、仰せられ 候。

三一九 蓮如上人 仰せられ 候ひき、御本寺御坊をば 聖人御存生の 時の やうに おぼ(ば)しめされ 候。御自身は 御留守を 當座 御沙汰 候。然れども、佛恩を 御忘れゆ ことは なく 候、と 御齋の御法談に 仰せられ 候ひき。御齋を 御受用(一)ゆ 間 にも、少しも 御わすれゆ 事は 御入り なき、と仰せられゆひき。

三二〇 善如上人 綽如上人 兩御代の 事、實如上人 仰せられ 候。兩御代は 威儀(二)を 本に 御沙汰 候ひし 由、仰せられ 候、然れば 今に 御影《ごえい》に 御入りゆ 由、仰せられ 候、黄袈裟(三) 黄衣 にて 候。然れば、蓮如上人 御時、あまた 御流に そむきゆ 本尊 以下、御風呂(四)の たびごとに やかせられ 候。この二幅の

〇三一八—假二二一、法二一九
〇三一九—假二二二、法二二〇
(一)受用—食物を喫すると『浄土論』に愛樂佛法味を受用功徳と名けてある。
〇三二〇—假二二三、法二二一
(二)威儀—行住坐臥の四威儀。規律に契ひたる起居動作。
(三)黄袈裟黄衣—他宗の威儀なること、三二四條参照。
(四)御風呂—堅田『本福寺跡書』に「御本尊御名號ノ事ノ外久シク破レサセ給ウタルヲ諸國ヨリ御本寺様ヘアゲラレタルヲ御営ニコボル、程入レ給ヒテコレヲ明宗風呂ノ功徳湯ヲタク釜ノ下ニ入申セトノ御意ナル間ミナ風呂釜タク火ニ焔トナシタテマツル」と。功徳湯は佛像等を洗ふに用ゐる湯なり。

御影をもやかせらるべきにて、御取出し候ひつるが、いかゞ思召し候ひつるやらん、表紙に書付をよしわろしとあそばされて、とりておかせられ候。この事をいま御思案候へば、御代のうちさへかやうに御ちがひ候、ましてやいはんわれら式の者は、ちがひばかりたるべき間、一大事と存じ、つゝしめとの御事、と今思召しあはせられ候由、仰せられ候。又、よしわろしとあそばされ候事、わろしとばかりあそばし候へば、先代の御事にて候へばと思召し、かやうにあそばされ候事に候よし、仰せられ候。又、蓮如上人の御時、あまた昵近のかた〴〵ちがひ申す事候、いよ〳〵一大事の儀に候。佛法の事をば心をとゞめて、細々に人に問ひ申し、心得べきの由、仰せられ候ひき。　○三二一ー假二三四、法二一

三二一　佛法者の少しのちがひを見ては、あのうへさへかやうに候、と思ひ、わが身をふかく嗜むべきことなり。志か

るを、あのうへ さへ 御ちがひ 候、まして われらは ちがはいでは、と 思ふ 心、大きなる あさましき 事 なり、と 云云。

三二二 佛恩を 嗜む と 仰せ候 事、世間の 物を 嗜む などと いふ やうなる 事 にては なし。信の上に、たふとく ありがたく 存じ、よろこび申す 透き間に、懈怠 申す とき、かゝる 廣大の御恩を わすれ申す ことの あさましさよ と、佛智に たちかへりて、ありがたや たふとや と 思へば、御もよほしに よりて 念佛を 申す なり。嗜むとは これ なる 由、との 義に 候。

三二三 佛法に(一) 厭足 なければ、法の不思議を きく、と いへり。實如上人 仰せられ 候、たとへば、世上に わが すきこのむ 事をば、知りても〳〵 なほ よく 知りたく 思うて、人に 問ひ、いくたびも〳〵 數寄《すき》たる 事をば 聞いても〳〵、よく 志りたく 思ふ(もの なり)。佛法の事は、いくたび 聞いても あかぬ こと なり、知りても〳〵 存じたき こと なり。佛法の

○三二二―假二二五、法二二三
○三二三―假二二六、法二二四
(一)佛法云々―「華嚴經」に「若シ佛法ヲ聞キテ厭足ナケレバ彼ノ人法ノ不思議ヲ信ズ」と、信卷に引用。

事は、いくたびもく人に問ひきはめ、增信すべきことなる由、仰せられ候。

三二四 世間につかふことは、佛物を徒《いたづ》らにすることよ、とおそろしく思ふべし。さりながら、佛法の方へは、いかほどものを入れても、あかぬ道理なり、それはまた報謝にもなるべし、と云云。

三二五 人の辛勞もせで徳とる上品(一)は、彌陀をたのみて佛になるにすぎたることなし、と仰せられ候、と云云。

三二六 みな人ごとによき事をいひもし、働きもすることあれば、眞俗(二)ともにそれをわがよき者にはやなりて、その心にて御恩といふことはうちわすれて、わが心本になるによりて、冥加につきて、世間佛法ともにあしき心が必ずく出來するなり、一大事なり、と云云。

三二七 堺にて、兼縁蓮如上人へ御文を御申し候。その時仰せられ候、むつかしきことをいふよ、と仰せられて後に、仰

○三二四—假二二七、法二二一五
○三二五—假二二八、法二二一六
(一)上品—最上、第一等。
○三二六—假二二九、法二二一七
(二)眞俗—佛法世間といふと同じ。
○三二七—假二三〇、法二二一八

せられ 候、佛法だに 信ぜば、いかほど なりとも あそばし
たまはるべき よし、仰せられし、と 云云。

三二八 同じく 堺の御坊にて、夜 更《ふ》けて 蠟燭を ともされ、名號を
あそばされ 候。その時 仰せられ 候、御老體にて、御手も ふ
るひ 御目も かすみ 候へども、明日 越中へ 下りゆ、と 申し
ゆ ほどに、かやうに あそばされ 候。△一日も 堪忍(一) 失墜(二)にて
候 あひだ、御辛勞をも かへりみられず、あそばされ 候、と
仰せられ 候。志かれば、御門徒のために 御身をば すてられ
候、人に 辛勞をも させ 候はで、たゞ 信を とらせたく 思召
しゆ 由、仰せられ 候、と 云云。

三二九 重寶の珍物を とゝのへ、經營(三)を 志て もてなせども、食せ
ざれば その詮 なし。同行 寄合ひ 讃嘆すれども、信を とる
人 なければ、珍味を 食せざる と 同じ事 なり、と 云云。

三三〇 物に 厭《あ》く ことは あれども、佛に 成る ことゝ 彌陀の 御
恩を よろこび、あきたる ことは なし。燒けも 失せも せぬ

○三二八―假二三一、法二一二九
△一日以下十一字―假「一日夜ノ事ニテ候間」に作る、法は全く闕く
(一)堪忍―堪へ忍ぶより轉じて、堪忍して留まる、逗留。今は染筆下附を待ちて逗留すること。
(二)失墜―無用の耗費。染筆遲れて一日でも待たすは、いらぬ費用を使はすこと。
○三二九―假二三二、法二一三〇
(三)經營―いとなみ、事を計ふこと。
○三三〇―假二三三、法二一三一

重寶は、南无阿彌陀佛なり。しかれば、彌陀の廣大の御慈悲殊勝なり、信ある人をみるさへたふとし、よく〳〵の御慈悲なり、と云云。

三二一　信決定の人は、佛法の方へは身をかろくもつべし、佛法の御恩をばおもくうやまふべし、と云云。

三二二　蓮如上人仰せられ候、宿善めでたし、といふはわろし。御一流には、宿善ありがたし、と申すがよく候由、仰せられ候。

三二三　他宗には、法にあひたるを宿縁(一)といふ。當流には、信をとることを宿善といふ。信心をうること肝要なり。されば、この(二)御をしへには群機をもらさぬゆゑに、彌陀の教をば弘教ともいふなり。

三二四　法門(三)を申すには、當流のこゝろは信心の一義を申し開き立つること肝要なり、と云云。

三二五　蓮如上人仰せられ候、佛法者は法の威力にてなるなり

○三二一—假二三四、法二一
○三二二—假二三五、法二一
○三二三—假二三六、法二一
(一)宿縁—宿因、宿縁、宿善の三通用せらる。細別すれば、宿因は自己の機につき、宿縁は他なる佛につき、宿善は宿惡に對していふ。宿因に善惡あり、宿縁に順逆あり。
(二)『六要鈔』に「利益廣大普蒙群機故、說爲弘教」と。群機は、あらゆる機類の衆生、弘教は彌陀弘願の教。
○三二四—假二三七、法二一
(三)法門—二七四條、二八六條參照。
○三二五—假二三八、法二一

威力にて なくば なるべからず、と 仰せられ 候。されば、佛法をば 學匠 物しり は いひたてず、たゞ 一文不知の 身も、信ある 人は 佛智を 加へらるゝ 故に、佛力にて 候 間、人が信を とる なり。この故に、聖教よみ とて、しかも 我れはと思はん 人の、佛法を いひたてたる こと なし、と 仰せられぬ事に 候、たゞ なに しらねども、信心定得の 人は、佛よりいはせらるゝ 間、人が 信を とる、との 仰せに 候、と 云云。

三三六 彌陀を たのめば、南无阿彌陀佛の 主《ぬし》に なる なり、南无阿彌陀佛の 主に なる と いふは、信心を うる こと なり、と云云。又、當流の 眞實の 寶(二)と いふは 南无阿彌陀佛、これ 一念の信心 なり、と 云云。

三三七 一流眞宗の内にて 法を そしり わろさまに いふ 人 ありこれを 思ふに、他門他宗の事は 是非 なし、一宗の中に かやうの 人も あるに、われら 宿善 ありて、この法を 信ずる 身の たふとさよ、と おもふべし、と 云云。

○三三六―假二三九、法二一三七
(二)寶―『釋氏要覽』に寶の六故を擧ぐ、難得故、無垢故、勢力故、莊嚴故、最上故、不變故。
○三三七―假二四〇、法二一三八

三三八 蓮如上人には、何たるものをもあはれみかはゆく思召し候。大罪人とて人を殺しゆこと、一段御悲み候。存命もあらば心中をなほすべし、と仰せられ候て、御勘氣(一)候ても、心中だになほりゆへば、やがて御宥免候、と云云。

三三九 安藝蓮崇(二)、國を(三)くつがへし曲事について、御門徒をはなされ候。蓮如上人御病中に、御寺內へ參り、御侘言申しゆへども、とりつぎゆ人なく候ひし。その折節、蓮如上人ふと仰せられ候、安藝をなほさう(四)と思ふよ、と仰せられ候。御兄弟以下御申しには、一度佛法にあた《仇》をなし申しゆ人に候へば、いかゞ、と御申し候へば、仰せられ候、それぞとよ、あさましきことをいふよ、心中だになほらば、何たるものなりとも、御もらしなきことに候、と仰せられて、御赦免候ひき。その時、御前へまゐり御目にかゝられゆ時、感涙疊にうかみ候、と云云。而して御中陰の中に蓮崇も寺內にてすぎられ(五)候。

○三三八—假二四一、法二三九
(一)勘氣—勘當に同じ。律を勘へて何の罪に當るかを定むること、轉じて今は破門をいふ。
○三三九—假二四二、法二四〇
(二)安藝蓮崇—四四條參照。
(三)國をくつがへし—加賀門徒を敎唆して富樫政親に抗せしめ一國の亂となる。爲に蓮師は吉崎を退去せられた。
(四)なほす—破門を解いて本に直す。
(五)すぎられ—死ぬこと。三月廿八日なり。

三四〇　奥州に御流のことを申しまぎらかしゆ人をきこしめして、蓮如上人奥州の淨祐を御覽候て、以の外御腹立候て、さてさて、開山聖人の御流を申しみだすことのあさましさよにくさよ、と仰せられて、御齒をくひしめられて、さてきりきざみてもあくかよくよく、と仰せられ候、と云々。佛法を申しみだす者をば、一段あさましきぞ、と仰せられ候、と云々。

三四一　思案の頂上と申すべきは、彌陀如來の五劫思惟の本願にすぎたることはなし。この御思案の道理に同心せば、佛に成るべし。同心申すとて別になし、機法(一)一體の道理なり、と云々。

三四二　蓮如上人仰せられ候、御身一生涯御沙汰候こと、みな佛法にて候、御方便御調法(二)候て、人に信を御とらせあるべき御(はかり)ごとばかりにて候由、仰せられ候。御造作御普請させられ候も、佛法に候、人に信をとらせらる

○三四〇—假二四三、法二一四一
○三四一—假二四四、法二一四二
(一)機法一體の道理—南无は衆生の彌陀をたのむ機、阿彌陀佛は助け給ふ法、六字に機法が一體に成就せられてある。御文に、「コノ南無阿彌陀佛ノ名號ヲ南無トタノメバカナラズ阿彌陀佛ノタスケ給フトイフ道理ナリ」。
○三四二—假二四五、法二一四三
(二)調法—事を調ふべく考ふること。料簡。

るべき御方便に候、と仰せられ候、と云云。

三四三 同じく御病中に仰せられ候、今わがいふことは金言（一）なり、かまへて〳〵よくこゝろえよ、と仰せられ候。また御詠歌のこと、三十一字につゞくるにてこそあれ、是れ皆法門にてあるぞ、と仰せられ候、と云云。

三四四 （二）愚者三人に智者一人とて、何事も談合すれば、面白きことあるぞ、と蓮如上人實如上人へ御申し候。これまた佛法の方には、いよ〳〵肝要の御金言なり、と云云。

三四五 蓮如上人順誓に對し仰せられ候、法敬と我れとは兄（三）弟よ、と仰せられ候。法敬申され候、これは冥加もなき御事、と申され候。蓮如上人仰せられ候、信を得つれば、さきに生るゝ者は兄、後に生るゝ者は弟よ、法敬とは兄弟よ、と仰せられ候、と云云。佛因△を一同にうれば、信心一致のうへは、四海みな兄弟なり、といへり。

三四六 南殿山水の御縁の床の上にて、蓮如上人仰せられ候、物

○三四三―假二四六、法二四四
（一）金言―箴言。二二九條、四〇八條參照。
○三四四―假二四七、法二四五
（二）愚者三人―三人寄れば文珠の智慧と類似の諺。
○三四五―假二四八、法二四六
（三）兄弟―一一六條參照。
△佛因―假法「佛恩」に作る
○三四六―假二四九、法二四七

の思ふたより大きにちがふといふは、極樂へまゐりての事なるべし、こゝにてありがたやたふとやと思ふは、物の數にてもなきなり、かの土へ生れての歡喜は、ことのはもあるべからず、と仰せられし、と云云。

三四七 人は、そら事申さじと嗜むを、(一)隨分とこそ思へ。心に僞りあらじと嗜む人は、さのみ多くはなきものなり。又、よき事は、ならぬまでも、世間佛法ともに心にかけ、たしなみたきことなり、と云云。

三四八 蓮如上人仰せられ候、(二)安心決定鈔のこと、四十餘年が間御覽候へども、御覽じあかぬ、と仰せられ候。又、(三)こがねをほり出すやうなる聖教なり、と仰せられ候、と云云。

三四九 大坂殿にて各〻へ對せられ、仰せられ候、この間申しゝことは、安心決定鈔のかたはしを仰せられ候由に候。しかれば、當流の義は安心決定鈔の義くれぐ〵肝要、と仰せられ候、と云云。

○三四七―假二五〇、法二四八
(一)隨分―よほど、精一杯。
○三四八―假二五一、法二四九
(二)安心決定鈔のこと―蓮師の本抄に對する態度は宗祖の『後世物語』等に於けるが如き歟。五五、六條參照。
(三)こがねをほり出す―瓦礫の中より金を掘出す意か。
○三四九―假二五二、法二五〇

三五〇 法敬申され候、たふとむ人より たふとがる人ぞ たふとかりけると。蓮如上人仰せられ候、おもしろき ことを いふよ、たふとむ體《てい》 珠勝ぶり する人は、たふとくも なし、たゞ あらありがたや と たふとがる 人 こそ、たふとけれ。面白き ことを いふよ、(一)もとも《尤》のことを 申され候、との 仰せ言に 候ひし、と 云云。

三五一 文龜三 正月十五日の夜、兼縁 夢に 云く、蓮如上人 兼縁に△御向ひ ありて、仰せられ候やうは、いたづらに ある 事、あさましく 思召し 候へば、稽古かたぐ〵 せめて 一巻の經をも、日に一度 みなぐ〵 よりあひて よみ申せ、と 仰せられけり、と 云云。あまりに 人の むなしく 月日を 送り候 ことを悲しく 思召し候ゆゑ、との 義に 候。

三五二 同じく 夢に 云く、同年の 極月廿八日の夜、蓮如上人 御衣袈裟 にて、襖障子を あけられ 御出で候 間、御法談 聽聞 申すべき 心にて 候 處に、つい立障子の やうなる ものに、御

○三五〇—假二五三、法二五一
(一)もとものこと—道理ある事。
○三五一—假二五四、法二五二
△御向ひ—假法「御間」に作る
○三五二—假二五五、法二五三

文の御詞 御入りゆ を、よみ申す を 御覧じて、それは 何ぞ、と 御尋ねゆ あひだ、御文にて 候 よし 申上げ 候へば、それこそ 肝要よ、信仰して 聞け、と 仰せられけり、と 云云。

三五三 同じく 夢に 云く、翌年 極月廿九日 夜、蓮如上人 仰せられゆ やうは、家をば よく 作らで をかしくとも、信心を よく とりて 念佛 申すべき よし、かたく 仰せられ 候ひけり、と 云云。

三五四 同じく 夢に 云く、近年 大永三 正月一日の夜の 夢に 云、野村殿南殿にて 蓮如上人 仰せに 云く、佛法の事 いろ〳〵仰せられゆて のち、田舎には 雑行雑修《ざふぎやうざふしゆ》 あるぞ、かたく 申しつくべし、と 仰せられ 候、と 云云。

三五五 同じく 夢に 云く、大永六 正月五日 夜 夢に、蓮如上人 仰せられ 候、一大事にて 候、今の時分が よき時にて 候、とゝをとりはづしては 一大事、と 仰せられ 候。かしこまりたり、と 御請《うけ》 申しゆへば、たゞ その かしこまりたり と いふ

○三五三―假二五六、法二五四
○三五四―假二五八、法二五六
○三五五―假二五七、法二五五

にては 成りゆ まじく 候、たゞ 一大事にて 候、由 仰せられ候ひし、と 云云。

次の夜 夢に 云く、蓮誓(一) 仰せ 候、吉崎にて 蓮如上人に 當流の 肝要の事を 習ひ申し 候、一流の 依用 なき 聖教や なんどを 廣く 見て、御流を ひがさまに とりなし 候ことに候、幸に 肝要を ぬきゆ 聖教 候、これが 一流の秘極《曲ヵ》 なり、と吉崎にて 蓮如上人に 習ひ申し 候、と 蓮誓 仰せられ 候ひし、と 云云。

私に 云く、夢等を 志るす 事、蓮如上人 世を 去りたまへば、今は その一言をも 大切に 存じ 候へば、かやうに 夢に 入りて 仰せゆ ことの 金言 なる こと、まことの仰せ とも 存ずる まゝ、これを 志るす もの なり、まことに これは 夢想(二)とも 申すべき ことゞも にて 候。總別 夢は 妄想 なり、さりながら、(三)権者《ごんしゃ》の上には 瑞夢とて ある こと なり、なほ 以て かやうの ことばを 志るすべし、と 云云。此六ヶ條蓮悟被注置事を書付侍る也。

(一)蓮誓―蓮悟の異母兄。
(二)夢想―靈告、ゆめのつげ。
(三)權者―權化の人。蓮師は彌陀の化身といふ。

三五六 佛恩が、と申せば聞きにくゝ候、聊爾(一)なり。佛恩をありがたく存ず、と申せば、莫大聞きよく候由、仰せられ候と云々。御文が と申すも 聊爾なり。御文を聴聞申して、御文ありがたく候、と申して よき由に候。佛法の方をばいかほども 尊敬申すべきこと、と云々。

三五七 佛法の讃嘆のとき、同行をかた〴〵と申すは、平外(二)なり、御方々と申して よき よし、仰せごと候、と云々。

三五八 蓮如上人仰せられ候、家を作るとも、つぶりだにぬれずは、何ともかともつくるべし。萬事過分なる事を御きらひ候。衣裳等にいたるまでも、よきものきん《着》と思ふは、あさましき事なり。冥加を存じ、たゞ佛法を心にかけよ、と仰せられ候ひし、と云々。

三五九 同じく仰せに云く、いかやうの人にて候とも、佛法の家に奉公申し候はゞ、昨日までは他宗にて候とも、今日は はや佛法の御用とこゝろえべく候。たとひ、あきなひ

○三五六―假五二九、法二五七
(一)聊爾―ぶしつけがまし、粗忽、失禮。
○三五七―假二六〇、法二五八
(二)平外―平懐の借字。無禮儀にかまはぬこと。無遠慮、無作法。
○三五八―假二六一、法二五九
○三五九―假二六二、法二六〇

をするとも、佛法の御用とこゝろえべき、と仰せられ候、と云云。

三六〇　同じく仰せに云く、雨もふり、又炎天の時分は、つとめなが〱しく仕《し》候はで、はやく仕《し》て、人をたゝせ候がよく候由、仰せられ候。これも御慈悲にて、人々を御いたはり候大慈大悲の御あはれみに候。常々の仰せには、御身は人に御志たがひ候て、佛法を御すゝめ候、と仰せられ候。御門徒の身にて御意のごとくならざること、中々あさましきことも、申すもことおろかに候、との義に候。

三六一　将軍家(義尚)よりの義にて、加州一國の一揆(一)、御門徒を△(二)放《はな》さるべきとの義にて、加州居住候御兄弟衆をもめしのぼせられ候。その時蓮如上人仰せられ候、加州の衆を門徒をはなすべき、と仰せ出され候こと、御身をきらるゝよりもかなしく思召し候、何事もしらぬ尼入道の類のことまで思召せば、何とも御迷惑この事にきはまる由、仰せられ

○三六〇—假二六三、法二六一
○三六一—假二六四、法二六二
(一)加州一國の一揆—實悟記せらる。師は文明四の比と傍記せらる。或はそれよりも後の事歟、要するに、富樫氏との戰爭の時の事なり。
△放さる—假法「ハラヒカル」に作る
(二)放《はな》す—破門する。

候。御門徒を 放さるゝ と 申す ことは、一段 善知識の 御上にても かなしく 思召しゆ 事に 候。

三六二 蓮如上人 仰せられ 候、御門徒衆の (一)はじめて 物を まゐらせゆ を、他宗に 出しゆ 儀、あしく 候。一度も 二度も (二)受用せしめ 候て、出しゆて しかるべき 由、仰せられ 候。かくのごときの 子細は 存じも よらぬ 事にて 候、いよ〳〵 佛法の御用 御恩を おろそかに 存ずべき ことにては なく 候、驚き入り 候、との 義に 候。

三六三 法敬坊 大坂殿へ 下られ候 ところに、蓮如上人 仰せられ候、御往生 候 とも、(法敬は) 十年は いくべし、と 仰せられ候 ところに、なにかと 申されけれども、おしかへし いくべしと 仰せられ候 ところに、御往生 ありて 一年 存命 候 處に、法敬に 或人 仰せられ 候、蓮如上人 仰せられゆ は あひ申したるよ、その故は 一年も 存命ゆ は、命を 蓮如上人より 御あたへゆ ことにて 候、と 仰せ 候へば、誠に さにて 御入

〇三六二―假二六五、法二六三
(一)はじめて物をまゐらす―所謂御初穂なり。
(二)受用―喰ふこと。
〇三六三―假二六六、法二六四

り候とて、手をあはせ、ありがたき由申され候。それより
のち、蓮如上人仰せられ候ごとく、十年存命候。誠に冥加に叶はれ候不思議なる人にて候。

三六四 毎事に無用なる事を仕候義、冥加なき由、いつも仰せられ候由に候。

三六五 蓮如上人物をきこしめすにも、如來聖人の御恩を御わすれなし、と仰せられ候。一口きこしめしても、思召し出され候由、仰せられ候、と云云。

三六六 御膳を御覽じ候ても、人のくはぬ飯をくふべき事よ、と思召し候由、仰せられ候。物をすぐにきこしめすことなし、たゞ御恩のたふとき事をのみ思召し候、と云云。

三六七 享祿二年十二月十八日の夜、兼縁夢に、蓮如上人御文をあそばし下され候、その御詞に(一)梅干のたとへ候。梅干のことをいへば、みな人の口一同にすし。一味の安心はかやうにかはるまじきなり。(二)同一念佛無別道故のこゝろに

○三六四—假二六七、法二六五
○三六五—假二六八、法二六六
○三六六—假二六九、法二六七
○三六七—假二七〇、法二六八
(一)梅干のたとへ—楞嚴經に「譬如有人、談說酢梅、口中水出」と。
(二)同一念佛—『論註』の文。

て候ひつるやうにおぼえ候、と云云。

三六八　佛法をすかざるゆゑに嗜み候はず、と空善申され候へば、蓮如上人仰せられ候、それはこのまぬはきらふにてはなきか、と仰せられ候、と云云。

三六九　不法の人は佛法を(一)違例にする、と仰せられ候。佛法の御讃嘆あれば、あらきづまりや、とくは《果》てよかし、と思ふは、違例にするにてはなきか、と仰せられ候、と云云。

三七〇　實如上人御病中、正月廿四日に仰せられ候、前住《蓮如》の早々われに來いと、左の手にて御まねき候、あらありがたや、とくりかへし〳〵仰せられ候ひて、御念佛候ほどに、各々御心たがひ候てかやうにも仰せ候(か)、と存じ候へば、その義にてはなくして、御まどろみ候御夢に御覽ぜられ候由、仰せられ候ところにて、みな〳〵安堵候ひき。これまた(二)あらたなる御事なり、と云云。

三七一　同じく廿五日、兼譽兼縁に對せられ仰せられ候、前住

○三六八—假二七一、法二六九
○三六九—假二七二、法二七〇
(一)違例にする—氣病みにする。
○三七〇—假二七三、法二七一
(二)あらた—靈現いやちこあらたか。
○三七一—假二七四、法二七二

上人御世を讓り御申し候て以來のことども、種々仰せられ、御一身の御安心のとほり仰せられ候、一念に彌陀をたのみ御申し候て、往生は一定と思召され候。それについて、前住の御恩にて今日まで我れと思ふ心をもちゐはぬが、うれしく候、と仰せられ候。誠にありがたくも又は驚き入り申しゝ。いよ〳〵一大事までとの儀に候。

三七二 嘆德の文に、親鸞聖人と申せば、そのおそれあるゆゑに、祖師聖人とよみ候。又、開山聖人とよみ申すも、おそれを存する子細にて御入り候、と云云。

三七三 たゞ聖人と直に申せば、聊爾なり、この聖人と申すも、聊爾歟。開山とは略しては申すべき歟、との事に候、たゞ開山聖人と申してよく候、と云云。

三七四 嘆德文に、以て弘誓に託す、と申すことを、△以てを拔いてよまず候、と云云。

三七五 蓮如上人堺の御坊に御座の時、兼譽御參り候。御堂に

○三七二—假二七五、法二一七三
○三七三—假二七六、法二一七四
○三七四—假二七七、法二一七五
△拔いて—假法「拔テハ」とハ字あれど、「仰條々」にはハ字なく、實悟師は「以ノ字近繁ト云心歟」と注記せり
○三七五—假二七八、法二一七六

おいて卓の上に御文をおかせられて、一人二人乃至五人十人、まゐられ候人々に對し、御文よませられ候。その夜蓮如上人御物語の時仰せられ候、この間面白き事を思ひ出して候、堂に於て文を、一人なりとも來られ候人にもよませてきかせ候、宿縁の人は信をとるべし。この間おもしろき事を思案し出したる、とくれ〲仰せられ候。さては、御文肝要の御事といよ〳〵しられ候、との事に候。

三七六 今生の事を心に入るほど、佛法を心によろこびたき事にて候、と人申し候へば、世間に對様(一)して申すは、大様(二)なり、たゞ佛法をばふかくよろこぶべし、と云々。又云く、一日々々と佛法はたしなみて候、一期と思へば、大儀なり、と申されければ、△大儀なると思ふは、不足なり、いのちはいかほどながく候ても、あかずよろこぶべき事なり、と云々。

○三七六—假二七九、法二七七
(一)對様—對揚の借字。つりあはすること。
(二)大様—緩急。
△大儀の上に諸本「又云」二字あり

三七七 坊主は 人を さへ勸化せられぬに、我れを勸化せられぬ は、あさましき こと なり、と 云云。

三七八 道宗 蓮如上人へ 御文を 申されゆへば、仰せられ 候、文は とりおとす ことも 候 ほどに、たゞ 心に 信を だにも とり ゆへば、おとし 候はぬ よし、仰せられ 候。また、あくる年 あそばされて くだされ 候。

三七九 法敬坊 申され 候、佛法を かたるに、志の人を 前に おき て かたり 候へば、ちからが ありて 申しよき 由、申され 候 と 云云。

三八〇 信も なくて 大事の聖教を 所持の 人は、をさなき ものに つるぎを もたせゆ やうに 思召し 候。そのゆゑは、劔は 重寶なれども、をさなき者 もちゆへば、手を 切り 見迦《けが》をす るなり。持ちて よく 候 人は、もちて 重寶に なる なり、と 云云。

三八一 蓮如上人 仰せられ 候、たゞいま なりとも、我れ 死ね と

○三七七—假二八〇、法二一七八
○三七八—假二八一、法二一七九
○三七九—假二八二、法二一八〇
○三八〇—假二八三、法二一八一
○三八一—假二八四、法二一八二

いはゞ、志ぬ ものは あるべく 候、信を とる 者は あるまじき、と 仰せられ 候、と 云云。

三八二 蓮如上人 大坂殿にて、各〻に 對せられて、仰せられ 候、一念に 凡夫の 往生 とぐる ことは、秘事秘曲△(一) にては なきか、と 仰せられ 候、と 云云。この信を 御釋(二)には「長生不死之神方 欣淨厭穢之妙術」、と のたまへり。

三八三 御普請 御造作 の 時、法敬 申され 候、まことに なにも不思議に、御眺望 等も 御上手に 御座 候 よし、申され 候へば、蓮如上人 仰せられ 候、われは なほ 不思議なる 事を 知り 候、凡夫の 佛に なり候 ことを 知りたるよ、と 仰せられ候、と 云云。

三八四 蓮如上人 從善に 御かけ字 あそばされて 下され 候、その後 善に御尋ね 候、已前 かきつかはし候 物をば 何と 志たる、と 仰せられ 候。善 申され 候、(三)表補衣《へうほい》 仕候て、箱に 入れおき 申し候 よし 申され 候。その時 仰せられ 候、それ

○三八二―假二八五、法二八三
△秘曲―假法「秘傳」に作る
(一)秘曲―管絃などに秘めて容易く傳へぬ曲。
(二)御釋―本典信卷。
○三八三―假二八六、法二八四
○三八四―假二八七、法二八五
(三)表補衣―表背(宋音)の借字。表裝。

はわけもなきことを忘たるよ、不断かけておきて、そのごとくに心ねをなせよ、といふことにてこそあれ、と仰せ候ひし、と云云。

三八五　同じく仰せに云く、これの内に居て聴聞申す身は、(一)とりはづしたらば佛にならうよ、と仰せられ候、と云云。誠にありがたき仰せに候。

三八六　同じく仰せに云く、坊主衆等に對せられ仰せられ候、坊主といふ者は大罪人なり、と仰せられ候。その時みなく迷惑申され候。さて仰せられ候、つみがふかければこそ、阿彌陀如來は御助けあれ、と仰せられ候と云云。

三八七　毎日々々に御文の金言を聴聞させられ候ことは、寳を御領《あつか》り候ことに候、と云云。

三八八　開山聖人の御代、高田の代顕智(二)上洛の時申され候、今度は既に御目にかゝりまじき、と存じ候所に、不思議に御目にかゝり候、と申され候へば、それはいかに、と仰せ

○三八五―假二八八、法二八六
(一)とりはづしたらば、―此條難解「一期記」は「トリハヅシテモ」に改む。「取り聞違ならぬならば」「取りはづしはないが、萬一取りはづしても、地獄に墜ちぬとの意か。
○三八六―假二八九、法二八七
○三八七―假二九〇、法二八八
○三八八―假二九一、法二八九
(二)三九條參照。醉ひたる人に開山と顯智との差あり、集錄者の異なるよるなるべし。

られ候。船路に難風にあひ、迷惑仕り候ひし由、申され候。聖人仰せられ候、それならば船にはのらるまじきものを、と仰せられ候。その後、御詞の末にて候とて、一期船にのられず候。又、茸《くさびら》に醉ひ申され、御目におそくかゝられ候ひしときも、かくのごとく仰せられしとて、一期受用なく候ひし、と云云。かやうに仰せを信じ、ちがへ申すまじく存ぜられ候こと、誠にありがたき殊勝の覺悟との義に候。

三八九 身あたゝかなればねぶりきざし候、あさましき事なり。その覺悟にて、身をもすゞしくもち、眠りをさますべきなり。身隨意なれば、佛法世法ともにおこたり、無沙汰油斷あり。この義一大事なり、と云云。

三九〇 信を得たらば、同行にあらく物も申すまじきなり、心和らぐべきなり、(一)觸光柔軟の願あり。又、信なければ、我《が》になりて、詞もあらく、諍《いさか》ひも必ず出來するなり、あさまし

○三八九—假二九二、法二九〇
○三九〇—假二九三、法二九一
(一)觸光柔軟の願—一八六條解參照。第卅三願成就の文に「遇斯光者、三垢消滅、身意柔軟」とあり。三垢は貪瞋癡の三毒。

〳〵、よく〳〵 こゝろうべし、と 云云。

三九一 蓮如上人 北國に さる御門徒の 事を 仰せられ 候、なにと して 久しく 上洛 なき ぞ、と 仰せられ 候。 御前の人 申され 候、さる御方の 御折檻(一) 候、と 申され 候。 その時 御機嫌 以の外 あしく 候て、仰せられ 候、開山聖人の御門徒を さやうに いふ ものは あるべからず、御身さへ 聊爾に 思召さぬ もの を、なにたる ものが さやうに いふべき ぞ、 と〳〵 のぼれ と いへ、と 仰せられ 候、と 云云。

三九二 同じく 仰せに 云く、 御門徒衆を あしく 申す こと ゆめ〳〵 あるまじく 候、開山は 御同朋 御同行 と 御かしづき(二) 候に、聊爾に 存ずる は くせごとの 由、仰せられ 候。

三九三 開山聖人の 一大事の 御客人 と 申す は、御門徒の 事 なり、と 仰せられし、と 云云。

三九四 御門徒衆 上洛 候へば、蓮如上人 仰せられ 候、寒天には、御酒等の 燗を よく させて、路次の さむさをも 忘れられ

○三九一―假二九四、法二九二
(一)折檻―懲らす爲に責めさいなむこと。
○三九二―假二九五、法二九三
(二)かしづく―大事にする
○三九三―假二九六、法二九四
○三九四―假二九七、法二九五

候やうに、と 仰せられ 候。又、炎天の比は、酒など ひやせ と 仰せられ、御詞を 加へられ 候。又、御門徒の 上洛ゆ を おそく 申入れゆ こと、くせごと《曲事》 と 仰せられ 候。御門徒衆 を またせ、遅く 對面する ことも、くせごとの 由、仰せられ 候、と 云云。

○三九五―假二九八、法二一九六
○三九六―假二九九、法二一九七
○三九七―假三〇〇、法二一九八

三九五 萬事に つきて、よき事を 思ひつくるは 御恩 なり、惡事を だに 思ひつくるは 御恩 なり、捨つるも 取るも 何れも〳〵 御恩 なり、と 云云。

三九六 蓮如上人は、御門徒の 進上の 物をば 御衣の 下にて 御を がみ 候。又、佛物と 思召し 候へば、御自身の めし物 等ま でも、御足 などに あたり 候へば、御いたゞき 候。御門徒の 進上物 すなはち 聖人よりの 御あたへ、と 思召し 候、と 仰 せられし、と 云云。

三九七 佛法には、よろづ かなしき にも、かなはぬに つけても、何 事に つけても、後生の たすかるべき ことを 思へば、よろこび多きは佛恩なり、と云云。

三九八 佛法者に馴れ近づきて損は一ッもなし。何たるをかしきこと狂言にも、是非ともに心底には佛法あるべし、と思ふほどに、我が方に得多きなり、と云云。

三九九 蓮如上人權化《ごんげ》の再誕といふこと、(一)その證多し、別にこれをしるせり。御詠歌にも

かたみには六字の御名《みな》をとゞめおくなからんあとのかたみともなれ

と候。彌陀の化身と知られ候こと、歴然なり。

四〇〇 蓮如上人細々御兄弟衆等に、御足を御みせ候、御わらぢの跡くひ入り、(二)きらりと御入り候。かやうに京田舎御自身は御辛勞候て、佛法を仰せひらかれ候由、仰せられ候ひし、と云云。

四〇一 同じく仰せに云く、惡人のまねをすべきより、信心の人のまねをせよ、と仰せられ候、と云云。

○三九八―假三〇一、法二九九
○三九九―假三〇二、法三〇〇
(一)その證―五九條見よ。
○四〇〇―假三〇三、法三〇一
(二)きらりと―きら〳〵して、はつきりと。
○四〇一―假三〇四、法三〇二

四〇二 蓮如上人 御病中 大坂殿より 御上洛の 時、明應八 (一)二月十八日、さんば《三番》の 淨賢 所にて、實如上人へ 對し 御申し 候、御一流の 肝要をば 御文に くはしく あそばし とゞめられ 候間、今は 申しまぎらかす 者も あるまじく 候。この分を よく〱 御こゝろえ ありて、御門徒中へも 仰せつけられ 候へ、と 御遺言の 由に 候。然れば、實如上人の 御安心も 御文の ごとく、また 諸國の 御門徒も 御文の ごとく 信を えられよ、との 支證の ために、御判(二)を なされし 事、と 云云。

四〇三 存覺(三)は 大勢至の 化身 なり、と 云云。然るに、六要鈔には、三信(四)の 字訓 そのほか 勘得せず、と あそばし、聖人の 宏才 仰ぐべし、と 云云。權化にて 候へども、聖人の 御作分を かくのごとく あそばし 候。まことに 聖意 測り がたき 旨を あらはし、自力を すてゝ 他力を 仰ぐ 本意にも 叶ひ 申しゝ ものをや。かやうの事 名譽にて 御入り 候、と 云云。

四〇四 註を 御あらはし《著》しゝ こと、御自身の 智解を 御あらはし 候

○四〇二―假三〇五、法三

(一)二月十八日―一一七條参照。

(二)御判―門徒へ下附の御文に實如の書き判を加へる。

○四〇三―假三〇六、法三

(三)存覺は覺如上人の長男光玄法名存覺。自傳「存覺一期記」の抄略本傳來す。生存中二度父の義絶を受け、本願寺の世代に入らず。著作は「教行信證」の註「六要鈔」の外數多あり。

(四)三信の字訓云々―「六要鈔」に「字訓未悉勸得本文、博覽宏才、可仰可信」とあり。

○四〇四―假三〇七、法三

○五

はんが ためにては なく候。聖人の 御詞を 褒美の ため仰崇の ためにて 候、と 云云。

四〇五 存覺 御辭世の 御詠に 云く、

いまは はや 一夜の夢と なりに けり
　ゆきゝ あまたの かりの やど〳〵

この詞を 蓮如上人 仰せには、さては 釋迦(二)の化身 なり、往來娑婆の 心 なり、と 云云。我が身に かけて こゝろえば、六道輪廻 めぐり〳〵て、いま 臨終の夕 さとりを ひらくべし、といふ 心 なり、と 云云。

四〇六 陽氣 陰氣 とて あり。されば、陽氣を うる 花は 速く 開くなり、陰氣 とて 日かげの 花は おそく さく なり。かやうに 宿善も 遲速 あり。されば 已今當の 往生 あり。彌陀の光明に あひて、速く ひらくる 人も あり、遲く ひらくる人も あり。兎に角に、信 不信 ともに 佛法を 心に いれて聽聞 申すべき なり、と 云云。已今當の 事、蓮如上人 仰せら

〇四〇五―假三〇八、法三〇六
(二)釋迦云々―梵網經に「我今來此娑婆八千遍、爲此娑婆世界主、坐金剛華光王座」と。
〇四〇六―假三〇九、法三〇七

れ候、きのふ あらはす 人も あり、けふ あらはす 人も あり、あす あらはす 人も あり、と 仰せられし、と 云云。

四〇七 蓮如上人 御廊下を 御とほり 候て、紙切れの おちて 候ひつるを 御覽ぜられ、佛法領(一)の物を あだに する かや、と 仰せられ、兩の御手にて 御いたゞき 候、と 云云。總じて 紙の きれ なんどの やうなる 物をも、御用と 佛物と 思召し 候へば、あだに 御沙汰なく 候ひし 由、實如上人 御物語 候ひき。

四〇八 蓮如上人、近年 仰せられ候、ことに 御病中に 仰せられ候 こと、なに事も 金言 なり、心を とゞめて きくべき 由、仰せられ 候、と 云云。

四〇九 御病中に 慶聞を めして 仰せられ 候、御身には 不思議なる ことが あるぞ、氣を とりなほして 仰せらるべき、と 仰せられ 候、と 云云。

四一〇 蓮如上人 仰せられ 候、世間 佛法 ともに、人は かろ〲 と 志たるが よき、と 仰せられ 候。△宿德《しうとく》(二) 志たる ものを 御

○四〇七―假三一〇、法三
(一)佛法領の物―八條參照。
○四〇八―假三一一、法三
○四〇九―假三一二、法三
○四一〇―假三一三、法三
△宿德―假法「默」に作る
(二)宿德―落ち着き威嚴あること。轉じて懇意に、じつと尻の重きこと。

きらひ候。物を申さぬがわろき、と仰せられ候、又、微音に物を申すをわろし、と仰せられ候、と云云。

四一二 同じく仰せに云く、佛法と世體(一)とは、たしなみによる、と對句に仰せられ候。又、法門と庭の松とは、いふ(二)にあがる、とこれも對句に仰せられ候、と云云。

四一三 兼縁堺にて、蓮如上人御存生の時、背摺布(三)を買得ありければ、蓮如上人仰せられ候、かやうの物は我が方にもあるものを、無用の買ひごとよ、と仰せられ候。兼縁、自物にてとり申したる、と答へ御申し候ところに、仰せられ候、それは我が物か、と仰せられ候。ことごとく佛物、如來聖人の御用《ゆう》にもるゝことはあるまじく候、と仰せられ候。

四一三 蓮如上人兼縁に物を下されゆを、固辭さふらひければ、仰せられ候、つかはされゆ物をばたゞとりて、信をよくとれ。信なくば、冥加なきとて佛物を受けぬやうなれど、

○四一一―假三一四、法三
(一)世體―世帶に同じ。家を立て生業を營むこと。
(二)いふ―法門を言ふ、讃嘆する、松を結ふ、形を整へる。
○四一二―假三一五、法三一三
(三)背摺布―青摺布の誤寫歟。青摺布は山藍にて模様を摺り込みたる布。
○四一三―假三一六、法一三四

それは 曲(一)も なき こと なり。わが する、と おもふ か と よ、みな 御用 なり、何事か 御用に もるゝ ことや 候べき、と 仰せられ 候。

(一)曲—諸物の調子、節。轉じて、おもしろみ、興味。

補遺

四四 蓮如上人 仰せに 云く、罪は 十惡五逆の 者も、廻心すれば 皆 往生すべし、油斷なる ものは 往生すべからず、能々 心に かくべき 也、とぞ 仰せられける。

四五 信心決定の人 ありける が、彌陀を たのみ たてまつりし 其年 また 月日時 をも 忘れ侍りければ、蓮如上人へ 申され ける は、たのみ奉りし 月日を 覺えざるは いかゞ 也、と云 人あり、と 申す 人候、承り候へば 尤と 存じ候が、いかゞ と 不審 申されければ、決定の心に もとづきて、年 久しき 人も あるべし、年月時日を 忘るゝ 人も あるべし。衆生は 忘れたり とも、佛の 御方には 御わすれ あるべからず、一度 攝取ありて 御すて なき 事 なり、とぞ 仰せらる。

四六 一念の信心 決定の事、人々 申しあつかはれ 侍りける時、蓮悟本泉寺 蓮如上人へ 尋ね 申入れられける 様は、彌陀を たのむ 一念 とは いかゞ 心得 侍るべき、と 申入れたりしに、仰せに 云く、本願の ことわりを きゝ、彌陀如來に おもひつ

〇四四―四―仰―七四
〇四五―五―仰―七六
〇四六―六―仰―九〇

く初を一念といふ也、と仰せ言ありけり。

四七 信心は佛智なり、佛智よりたのませらるゝ信心也、と心得べし。たゞ彌陀如來のたのませられて御たすけあると心得べし、一向に他力也。その後佛恩報謝の稱名も信にもよほされて申せば、是も口にとなふなれば、我れ等が申す様には候へども、信にもよほされて申す時には、皆佛智にもよほされて、彌陀より申させらるゝ念佛なり、悉く他力にもよほされて申すなれば、皆他力より申させらるゝ稱名、と心得べきなり。 〇四一七—期一五〇

四八 蓮如上人御法談ありしに、諸人聽聞心肝に入りて、たふとさ限りなくて侍りけれど、夜更る歟、又晝も志ばしの事なれば(ど)、各〻沈みかへりて侍りしに、法敬坊うたへ、と仰せられしかば、軈《やが》てうたひ申されけり、必ず誓願寺の「となふれば佛も我もなかりけり」といふ所をうたはる。志ばしうたはせられ、各〻の眠をさまさせられて、 〇四一八—仰一八八

また御法談ありし也。只人によく法をきかせられて、信心の人出來るやうに、との仰せ也。

四一九　蓮如上人吉崎殿に御座の時、加州三番山すなこざか《砂子坂》道乘是照護寺の門徒なりと申す人、本尊を望み申されゆ處に、すなはち御免なされゆとき、仰せられ候、本尊名號を以て身を七重八重にまとひたりとも、信を得ずは佛にはなりゆまじく候、と眞桂(二)これ照護寺なりいはれ候、と蓮如上人直に仰せられ候。

四二〇　山科殿に御佛事候ひつるに、蓮如上人へ法敬坊申上げられ候、佛法御繁昌とみえ申し候、其故は、戸障子までも以の外そこね申すほど諸人群集申され候、と申上げられ候へば、仰せられ候、信心決定の人の一人づゝもいでくるこそ佛法繁昌よ、と仰せられ候、と云云。

四二一　蓮如上人山科御南殿にて御法談に、佛にならうと思ふものは佛にはなるまじいぞ、と仰せられ候處に、御前に

○四一九―榮一
(二)眞桂―照護寺玄昭法名
眞桂、玄永の子。
○四二〇―榮二
○四二一―榮五

(一)禪門の祇候しつるが、この御掟を承りて、肝をつぶし、御縁の上よりころび落ち絶へ入る、と云云。聽聞衆も何事ぞとさわぎ、相尋ぬる所に、かの禪門の申されけるは、只今の御掟に、佛にならうと思ふものは佛にはなるまじいぞと仰せられ候。しかれば、我れ等は今までは必ず佛にならうずると存じゆひき、驚き入り存じゆ、と申され候。この由蓮如上人聞召し、法義にはさやう驚くが本ぢやぞと仰せられ候。わが方より佛にならうと思ふは、凡夫の計ひあてがひにてはなきか、たゞ佛におなしやらうずる事のたふとや、と よろこべ、と仰せられ候。

四三 蓮如上人つねぐ〳〵仰せられ候、三人まづ法義になしたきものがある、と仰せられ候。その三人とは、坊主と年老《としより》と(二)長《おとな》と、此三人さへ在所々々にしてて佛法にもとづきゆはゞ、餘のするぐ〳〵の人はみな法義になり、佛法繁昌であらうずるよ、と仰せられ候。

(一)禪門—在家にて剃髪せるもの、入道に同じ。○四二二—榮六
(二)長(おとな)—一郷一村の長たる俗人歟。

四三　吉崎殿にて 蓮如上人の 御前に 坊主衆 祗候の 折節、仰せられ 候、(二)かねを たゝき かど〳〵を 念佛を 申して あるく ものは、念佛を 賣りて あるく もの ぢや ほどに、かまへて 各〻 するなえ、と 仰せられ 候。いづれも 畏りて 候、と 申上げられ 候 處に、その 念佛を うる ものと いふは、各〻が 事よ、と 仰せられ 候。眞實の信も なくて あらうずる 坊主分は、かねを たゝき 念佛を 賣りて あるく ものと おなじ 事 なり、と 仰せられ 候。

四四　蓮如上人 法敬坊に 對し、無我が よいぞ、と 仰せられ 候。法敬坊、無我とは なにと 心得申すべき、と 伺ひ申され 候へば、無我とは 我の なき ことよ、と 仰せられ 候。時に また 法敬坊、我の なき 事とは なにと 心得申すべき、と 申上げられ 候へば、蓮如上人 御感 なされ、よう 問うた、佛法をば そのごとく ねんごろに 聞く 事よ、と 仰せられ 候。しかれば、我と いふは、佛法の 道理を われは よく 知り 心得たり、

〇四二三―榮七
(二)蓮師吉崎にて鉦鼓うち念佛して通るを聞召して御歌あり「オナジクハ彌陀ノ誓ヲ知ラセバヤトテモ稱フル人ノコヽロニ」。
〇四二四―榮九

と思ひ、同行もまた、佛法しるまじき、とおもはれまじきほどに、参り下向をしても、別に聞かうずる事もあらばこそ、と思ひて、法流邊へとほざかり不沙汰することを、我といふなり。たゞ佛法には我のなきがよきぞ、とかたく仰せられ候。

四二五 蓮如上人山科殿にて仰せられ候、御身は人にくしと思召したることさら〳〵これなく候。愚癡にして不信なるものを御覧じては、死せば必ず惡道に沈むべきこと一定、と思召し候へば、なほ不便に思召す由、仰せられ候、但し、心ににくき者が二人あるぞ、と仰せられ候其故は、親に不孝なる者と邪義を申す者と、此ふたりはにくう思召しゆよし、仰せられ候、と云云。

四二六 蓮如上人仰せられ候、かやうにみな〳〵申す言葉までも、みな彌陀のいはせらるゝ事ぢやぞ、と仰せられ候。

四二七 冥加の方專ら可存之由、前住蓮如上人仰せとて、實如上

〇四二五—榮一〇
〇四二六—榮一三
〇四二七—作一三三

人も 仰せ事 候ひき。深く 時々刻々、萬ッの 儀について 存ずべき 子細、兄弟中 存じ候て、今 をさなき 者共に、成人候はゞ、堅固に 申聞けべきの 由、仰せ置かれ 候 由、皆々も 申さるゝ 事に 候ひき。

〇四二八―作一三五
〇四二九―作一五六
〇四三〇―作一七三

四二八 蓮如は、いかなる 極寒にも、御手水には 水を 御つかひ候、湯を まゐらせ 候も、冥加なき 由、仰せられ 候ひき。あまり 極寒の 折節、湯を 少し 御手水の 中へ、各々 かなしがり 候て、入れられたる と 候。

四二九 蓮如の御時は、毎夜 座敷中の ともし火 燈心を 二筋 ならでは かきたてられず、あかりの 御用の 時は 幾筋も かきたてらるる。長者は 三筋 かきたつるぞ、と 仰せ候て、二筋より 多くは たてられず。

四三〇 あたらしき 御衣装を 蓮如上人は めし候ては、御堂へ 聖人の御前へ 御まゐり候て、めし物を 引出され、御用にて 御着 候、と 御申し候 體にて 候ひつる、と 宿老衆 物語り 候。

四三一 蓮如上人は、不断何事にても候へ、御あやまちあり、物にあたりなど、御沙汰ゆ事候へば、聖人の御とがめ候也、御罰候也、と少しの事をも思召したる事とて、各〻にも仰せ出されたるとて候。

四三二 昔は東山に御座ゆ時より、御亭は上段御(一)入り候。蓮如上人御時上段をさげられ、下段と同じものに平座にさせられ候。其故は、佛法を御ひろめ御勸化につきては、(二)上臈ぶるまひにては成るべからず、(三)下衆《げす》ちかく萬民を御誘引あるべきうへは、いかにも〳〵下衆ちかく諸人を近く召して御すゝめあるべきとての御事にて候、と仰せられ候て、平座に御沙汰候。ありがたき御事、と諸人申したるとて候。

四三三 開山聖人以來むかしより、遠國より上洛の坊主達をば、佛法を心にかけられ信のある人を、座上におかれ候、と各〻御物語に候ひし。其支證には法敬坊にて候由に候。

○四三一―作二〇
○四三二―作四三
(一)御入り―在るの敬語。
(二)上臈ぶるまひ―貴族的態度。
(三)下衆ちかく―平民的に。
○四三三―山一五

主の讃嘆に申され候て常に落涙候ひつるは、法敬は蓮如上人の御下部《しもべ》にて、北國御下向の時は御輿をかき申し候身にて候が、召し上げられ、御衣を下され着し、座上仕り候、と讃嘆のたびごとに申されて落涙候へば、諸人も涙を流したふとがられ候ひき。總じて遠國の人ほど上におかせらるゝ事、と實如も御物語候ひき。

四四　蓮如上人の御時は、法儀に心をかけられ候一家衆坊主衆などをば細々御前へめされ、別して御目をかけられ候事にて候ひき。多く聖教などまであそばし下されたる事候ひき。實如御時も同前の事に候ひき。

四五　遠國より上洛の大坊主衆上洛の時は必ず御對面の時もさかな雑煮などにて、麁相には御入なく候。末々衆遠國より上洛の御門徒にも、雑煮の様なる物にて御さかな、蓮如上人の御時よりさせ候。聊かも惡しくこしらへ候ては、曲事たるべき由、度々仰せられたる由に候。

〇四三四—作一三八
〇四三五—作一二一

四三六 遠國より 上洛ゆ 大坊主衆は 申すに 及ばず 候、長《おとな》の様なる 俗人にも、在寺中に 御亭にて 御相伴にて、魚物のめし《飯》 下されたる 事にて 候。

四三七 (二)愚老 若年の 折、法敬坊の讃嘆には 御堂のうちは 皆々 感涙に むせび、聲を あげ よろこばれ 候。慶聞坊龍玄 法泉坊空善の 讃嘆にも 御堂のうち しばらく 動揺して、涙を ながされゆひつるに、當時は 人の 信なき ゆゑ 候か、感ぜられゆ 人の 聲も きこえず 候、又は 讃嘆も 昔の 人には 大きに ちがひゆ 故 歟、と 不審にて 候。

四三八 實如 御時は 平生の供御 以外に 麁相に 御入り 候ひき。御汁も いかにも 麁相にて、御菜は 二、一向に みぐるしく候。これは 冥加を 思召されゆ 故にて 候、蓮加 御時よりの ごとくにて 候 とて 候。永正の比 圓如の 御談合にて、各一家衆と 同樣に 御入り 候へば 如此にて 候、との 御事にて、御まはり 三 と 御申し にて 候ひき。事の外 御斟酌

〇四三六—作一二三
〇四三七—山一四
(二)愚老—筆者實悟自ら言ふ。
〇四三八—作一三一

にて、前住蓮如の御代より此分二にて候、中〳〵、とかたく仰せられしを、强ひて再三上野方(一)を以て御申しゆて、三に成り申し候ひき。事の外に無用の事にて候由、仰せられ候ひき。

四三九　實如の御時は、本尊御影の御禮名號御文の御禮申しゆ代物をば別におかせられ、不辨疲勞の人を御扶助候ひし事也、難有事にて候。又、よく施すべし〳〵よく持《たも》つべし〳〵とは經文也、常に蓮如の仰せありし文也。よく施すべしとは、人をあはれみ人に出すべきなり、よくたもてとは、志に人のまゐらするをば、難有と思ひて取るべき也、と常に仰せ言也。

四四〇　古へ本願寺の御坊は東山なり、靑蓮院の門跡の御近所なり、今に草房あり、巧如上人存知上人蓮如上人の御代までの御坊也。蓮如上人若くまし〳〵き比までは、彼の御坊に御座ありき事也、巧如上人の廿五回忌も東山にて

(一)上野方—下間頼慶、上野介と稱す。時の奏者なり。後剃髮して、法名蓮秀。

○四三九—作一〇〇
○四四〇—仰一九〇

ましく〱き、と見えたり。彼の東山の御坊の指圖を、慶聞坊は覺えられけるを、顯證寺蓮淳の所望によりせられけるを、拙者(一)も若年にて寫し置き侍りしかども、享祿の亂(二)に失せ侍る也。凡そ阿彌陀堂ばかりは覺えける間、注し侍るなり。阿彌陀堂は、山科の野村にてのも同じ大きさ、三間四面也。內は九間也。向《むかう》は東ノ方一間六尺の緣に三尺の小緣あり、其外の三方は三尺の小緣までなり。內陣の疊まはり敷にて侍りしなり。御影堂も、內陣の大きさは同じく九間にて、疊まはり敷、野村にてのも同じき也。脇の押板も二間なり、霜月報恩講に御傳繪かけらるる。押板野村にてのも同じき也。下段はたゞ東の方へ二間なり已上五間四面の御堂也。其外は三尺の小緣四方にありけると也。御亭(三)もちひさく、其分量指圖おぼえず。御亭と御堂との間に廊下ある中程に亭《ちん》あり、是を竹の亭《ちん》といふ、黑木造の麁相のちん也、といへり。總じて御坊中

(一) 拙者―「仰條々」作者、實悟。
(二) 享祿の亂―享祿四年、加賀に大一揆小一揆の戰亂起り、顯得寺を始め本泉寺松岡寺光教寺等、蓮如上人直弟住持の寺みな廢頽、蓮悟實悟等流浪の身となる。
(三) 御亭―外來者應接の所客室。

もせばく ちひさく、當時は それ程の ちひさき 坊は、一家中の 諸國の坊にも あるまじき 由、沙汰にて 侍りき。御坊中の 後の方に 女中方(一)の 御入り 候ひつれども、いづ方に 女房衆 御入りゆ とも みえず、人 あるとも なく、さびしくと 御入り 候ひつる、など 其折節の事 慶聞坊龍玄は 物語 候ひし事 なり。

四四一 佛法 ひろまり申し 候について、山より 一亂 出て來、其時 御開山御影樣 大津へ 御座 候。其後、北國へ 御下向 候て、吉崎殿 御建立 候て より、いよいよ 佛法 弘まり、諸國渇仰 申し 候て、參詣 申され 候。其後、安藝法眼(二)が 惡行に よりて 御上洛 ありて、出口殿へ 御出で 候て、其後 山科殿 御建立 候。

四四二 蓮如上人は 御若年の 比は、御繼母(三)の 如圓禪尼と 申し おはしける。蓮如上人 卅三歳(四十)の 時 圓兼法印 存如上人 遷化し 給ひける。然れば、御若年 の比 御母儀の 一段 なさけなく あた

(一)女中—妻室。○四四一—若三
(二)安藝法眼—下間安藝蓮崇。○四四二—仰八六
(三)御繼母—海老名氏、二男四女を生む。寛正元年十月四日卒。

りまゐらせられける とぞ、傳へ承る。實子の 圓光院應玄を（一）御執事（二）御寵愛にて、是を 御住持に と 連々 內證に 思召したりし 間、萬事 蓮如上人の 御方をば ひづめ まゐらせられける。

四四三 長祿元年に 存如上人 御往生 ありし 時、以の外に 各々 騒動の 事 ありし 事 あり。蓮如上人は、 御讓狀 ありて、御嫡子と いひ、別儀 あるべからざる 事にて 侍りし を、 御繼母の 御わざ なれば、青蓮院に まし／＼ける 圓光院應玄を おとし申され、嫡々の儀と 申し成され、御讓旨 なり とて、既に御葬送の時も 御住持分 たりき。然れば、一家衆も 坊主衆も御內衆も 各々同心に 以連署 一味に 御家督の 分にてぞ 侍りき。御流の人 誰か 兎角 申すべき 人 なし。然るに、存如上人御舍弟 如乘（三） 一人、是れ 不可然、さりとて 御讓狀と 申し、嫡子の儀と いひ、應玄の儀 心得がたし、とぞ の給ひける雖然、御繼母 御取持 なれば、無㆓是非㆒事と 申出すべき 様も

（一）圓光院應玄―如圓の第三子、青蓮院尊應の弟子權大僧都に至る。四十二歳當流に編し、學太坊蓮昭と稱す。加賀大椙谷に住す。文龜三年寂、七十一歳。
（二）執事―執心の意か。
〇四四三―山四四九
（三）如乘―始め青蓮院に屬し、青光院住、當流に歸し、越中瑞泉寺住、宣祐と法名如乘。加賀二俣本泉寺を創す。寛正元年正月寂、四十九歳。

なき所に、是非とも謂れざる旨、達て如乗一人の仰せ言ありけるに、常樂臺光崇(一)も一向疎略の體也。然れば、其外は皆々閉口侍りしに、大きに不可然旨、青光院宣祐如乘一人各々へ申出され、斯様には不レ可レ有事の由、一人(二)はりて馳走ありて、兼壽法印家督の儀は申沙汰せられたること也。仍て爰に不思儀共出來し、開山聖人御道具等先づ三種共蓮如上人へ參る事ありき、是れ不思議の子細共也、開山御袈裟御助老(三)御珠數等參る也。然れば、此儀各々同心の由、御聞き候て、土藏等にありける物、經論聖教まで悉く御繼母の御方へ夜中に取隱されて、倉にはたゞ一尺ばかりの味噌桶一と代物百疋、藏には殘され置かれけれ共、其比未だ御方(四)と申しける蓮如上人の御方には、聊かも兎角の違亂不レ可レ申の由、被二仰定一御住持職の渡り申す一儀ばかりを肝要と被二思召一たる事也此儀唯青光院一人の被二申定一たる事也。堅く申定め

(一)常樂臺光崇―存如の弟如乘の兄。
(二)はりて―突き張りて。
(三)助老―杖の事。
(四)御方―未だ家督を相續せざる部屋住の敬稱。

られ、一人の馳走に依りたる事にて、一門の衆も坊主衆も總の御門徒衆中も各〻尤と同心により、御内のかたぐ〳〵の事も無二別儀一御住持にならせ給ひたる事也。

四四四 先師上人坂東御修行の時、鎌倉近き所に善鸞（一）の御坊跡あり、柳茂りてたしかならず。かゝる處を御通りありしに、善鸞は聖人御不孝《けう》ありしなればとて、御坊跡の柳の梢をも御覽あるまじとて、二三里の間御笠をかたむけられ、遂に御覽ぜられざりし、とぞ仰せらる。聖人への不孝をふかくかなしみ給ひし事なり。

四四五 蓮如上人御往生の時は、年來聽聞に心を悅びし人あり與次郎と云々、大和芳野山里の人也し。山科にて御往生を遲々して聞き、御葬送にまゐらずして深くなげき悲みて、御葬禮すぎて侍りし晩景おそく參りて、おくれ奉ることの悲しさよとて、かこひ（二）の内へはいり、腹十文字にかき切り、腸をいだし、我れと吭《ふえ》をかき切りてぞ死しける。御

○四四四―期九八
（一）善鸞の御坊跡―善鸞は親鸞聖人の子、異議を唱へて關東の門徒を惑亂せしにより、義絶せらる。鎌倉にその坊跡あること疑はし。祖像を盗み鎌倉常葉に遁れた唯善の事蹟と混淆して傳へられた歟。
○四四五―仰一九八
（二）かこひ―葬場の歟。

わかれを 悲みける 殊勝の事 とぞ 申合ひける、明應八年 三月廿六日の 事 なりけり。

四六 河内國 出口村の 坊は、(一)御厨《みくりや》石見入道 願人にて 取立てたる 坊、その外 近所の坊々も、この石見光善 志の人にて 取立てらるゝ 人也。その 申さるゝ 詞に いはく、(二)頭《かうべ》に 亂杭を ふらる とも、佛法の御難は 仕り 候まじ、と 申したりしを、蓮如上人 事の外に 御感 ありし 詞 也 とて、各〻 物語 候ひし 也、常に 又 御褒美 ありて、被二仰出一 侍りし と 也。

四七 近江の 金森の 道西と 申せし 人は、後には 從善と 申し候。此人 細々 大谷殿へ まゐられ、佛法者にて 候ひつるが、或る時 存如上人の御前に この從善 祗候せられ 侍る 時、蓮如上人 御招きゆひて 召寄せられ 御物語ども 候ひつる。從善 難有く 存ぜられ、常に 金森へ (三)御方樣を 申入れられ、聽聞 候ひつるに、在所の 人々も 驚かれ、佛法も 此時より 彌〻弘まり申し 候ひき。其時 をさなき人々 多く 集り居られゆ

〇四四六―仰八一
（一）御厨石見入道―石見光善は本福寺の記に空念とあり、法名と思はる。
（二）頭に亂杭をふる―頭上に亂杭の棒を振りまはして威嚇する。
〇四四七―若五
（三）御方樣―蓮師のこと。

中に 一人、蓮如上人 あれは 誰ぞ と お尋ね ゆひつるに、従善 申されゆは、私が甥にて 候、と 申上げられ 候へば、利根相の 者ぞ、我れに くれよ かし、と 御意 候ひしに、頓《やが》て 進上 申され 候。召連れられ 大谷殿へ 御歸寺 なされ 候ひて 召使はれ 候ひつる が、慶聞坊龍玄にて 候。

四四八 慶聞坊龍玄と いふは、蓮如上人 御若年の 比、東山の 大谷の 御坊に 御居住の 砌より 祗候の 人 也。若き時は 美濃と いふ。若年より 法流の儀 御意を 得られし 人 也、當流聖教等 大略 蓮如上人より 傳受 申さる。教行信證 六要鈔 まで 請け申されたる 條々の 子細 等を 常に 物語 候ひき。永正十三年に 予《實悟》 廿五歲の 時、教行信證を 請け侍りける。三月廿八日より 請け始めて、同四月廿八日 果し畢んぬ。其時 龍玄 申されける は、予 兄弟中 各〻に 此本書 相傳 申す 事、我が本望 是 也、前住蓮如上人より 請習ひ 申したるに より て、今 兄弟中 各〻にも 傳へ申したる事、前住上人も 御本望たるべし、と落涙せられける、龍玄七十二歳と侍りき。其のち永正十七庚申十二月十三日七十六歳にて往生を遂げられけり。文安二誕生也

四四九　教行信證をば昔は若年の人にも讀ませられ候ひきなれど、(一)信證院殿仰せには、若き時は何としても聊爾に取扱ひ候儀あるべく候間、廿歳以後よますべき由、被㆓仰定㆒たる事にて候由、各宿老衆物語候ひき。仍て讀むべき(旨)以㆓奏者㆒申入れ、可㆑有㆓御免㆒之由被㆓仰出㆒候。一家衆は第一の初一丁斗御住持より請け申す事大法也。

四五〇　蓮如の御時は、(二)廿五日御齋前に、名號を三百幅まであそばされ候、と注したるものに御入り候ひき。然れば、廿八日(三)十八日御齋前にも、百幅二百幅名號を被㆑遊たる事に候。實如の御時また同前に御入り候ひき。

四五一　蓮如上人召使はれし駿河入道下間玄英八男善宗といひしは、若年よりも久しく奉公第一に心をかけ、類ひなかりき。

○四四九—作八六
(一)信證院—蓮如上人の院號。
○四五〇—作四〇
(二)廿五日—法然聖人命日。
(三)十八日—存如上人命日。
○四五一—仰一七七

然るに、佛法に心をかけ、後生を一大事と思ひし仁也。蓮如上人毎夜御寢なりては、面《おもて》の座敷に傍輩をもねさせて、一人燈下にて聖教御文等拜見數刻して、同志人あれば、法義の談合をし、夜ふくるまでもありがたき旨、讃嘆せられけり。上人御往生ありては、出家し御葬の御供申されたり。老年になりては、いよいよ佛法を心にかけ、道心道念たぐひなかりき。山科の御坊に聊かなる部屋に住す。曉ちかくなりて、老眼はやくさめて、常に夜を殘す身となりては、寢《い》ねられずとて、半夜の程より御堂へまゐり、佛前開山の御前に、人多く寢られたる中に入りて、かしこまりありて、もししはぶき《咳》せば、我れと聞知る人あり、起きあがりては、と思ひ、咳のしたきをもこらへて堪忍す。いねられねば、宵からも夜半からも、佛前にまゐり念佛申し、御恩を喜びゐたる人也。奇特殊勝の佛法者也。永正年七十歳にて往生す。

四五二 越中州 赤尾道宗と いふは、蓮如上人 御在世の 時、一年に二度 三度は 上洛し、山科 野村の 御坊へ 參りけり。遙かの路を 志げく 上洛す。大儀 たるべし、志げく 上洛 すべからず、など 仰せければ、畏り 候と 申しても、猶ほ 上洛す。奇特の 佛法者 都鄙 かくれなかりし 仁也。俗の時は （二）彌七郎とやらん いひし 事 也。或る時 七月中旬 比に 上洛し、日暮れて 御坊へ まゐり、南殿へ 參りけるに、折節 奏者は 下間駿河入道（五郎左衞門、と云時也） 蓮如上人へ 道宗 罷上りたり と 申入れらる。やがて 可レ參とて、召さる。月 さやかにして 庭は 晝の如し、御座間は くらし、いづくに 御座ある とも 不レ知くらかりけるに、道宗 心に 思ふ やう、遙か 久しく 拜顏し奉らず、あはれ 御尊顏を 見奉らばや、とは 思ひけれども、とも し火 ともされず、をがみ 奉らん と 思へども、くらし。御前の 通りに 參り 御禮 申しければ、この 炎天に 大儀に、よく上りたる 旨、仰せらる。忝くて 頭を 上げ 拜み 奉りければ、

○四五二―仰一七八
（二）彌七郎―蓮師ド附の御文に、越中國赤尾の淨德といふものの甥の彌七とあれば彌七を可とす。

御座敷 光明赫奕と、御すがたをも 明らかに 拜し 奉りし ありがたさ よ、と 其時の 事 常々ぞ 道宗は かたり申し 侍りき。道宗は 永正十三年 月日《七歟》 往生す。

四五三 蓮如上人 越前國 吉崎の御坊に 三ケ年 御座の時、晝夜 佛法の一義より ほか 他事 なかりし に、(一)手原の幸子坊に 蓮如上人 御尋ね ありける は、これの一義は 佛法三昧と 見たる 歟、又 世間三昧と 見たる 歟、と 御尋ね ありければ、幸子坊 申されける は、世間三昧と みえ申したる、と 申されければ、事の外に 御感 ありける。其ころ 晝夜 佛法まで にて 御入りゆひたる だにも 世間三昧と 御沙汰 候、今の時節は 中々 あさましく 候 事にて 候、との 沙汰のみ にて 候。

四五四 山科の御坊には 蓮如上人 御座 候、大津の御坊に 順如上人 まし〳〵し 比、みな 人々 兩所へ 年始には 早々 御禮に まゐられ 候ひける に、幸子坊は 山科より 大津へ まゐられ 又 法敬坊は 大津より 山科へ 歸られける に、逢坂山中にて

○四五三―仰一八〇

(一)手原の幸子坊―幸子坊の事蹟不明。その道場は安養寺村にあり、隣村の手原には眞覺の坊があつたといふ。本福寺の記に「幸子坊ノ子ハ了法、了法ノ子ハ道了」とあり、

○四五四―仰一八一

兩人出會ひて、法敬坊の御慶御滿足といはれければ、幸子坊云く、我れ等にさ樣の公界の禮儀はいらず候、一言なりとも御恩の方難有旨、承るべき由、申されて通られけり。各〻尤と申されけり。昔の佛法者はか樣に一言も徒らなる事なく、佛法ばかり也、最もこれ學ぶべき也。

四五五　順如(一)上人顯成就院本願寺住持十年ばかり御持ちゆ歟、蓮如上人御存生の間也、大津顯證寺開山なり。蓮如上人は佛法方ばかり仰せられゆ時、順如は住持分にて、世上の儀よろづ御扱ひ候ひし事也。病氣に依り酒を不斷御用ゐ候ひし間、早世候、四十二歲也。禁裏の御事武家將軍家の事のみ御扱ひ候ひし事也。

四五六　本泉寺法印兼鎭(二)法名蓮乘は、兄弟中にも比類なく正直に律儀名譽の人也。天に脊ぐゝまり地にぬき足すといへる本文のごとく、何處《いづく》にても頭をさげて、足おとを聞きたる人もなく、常住身體不增不減のありさまなりき。常住坊

〇四五五—仰一八七　(一)順如—蓮如第一子、光助、法名順如、顯成就院と稱す。出口光善寺開山。文明十九年五月寂、四十二歲。
〇四五六—仰一八六　(二)兼鎭—蓮師第二男、兼鎭、法名蓮乘、本泉寺宣祐の養子となる。永正元年二月寂、五十九歲。

にて獨居住の所にても、衣をぬがず、丈六(一)かゝず、片膝を立て、晝夜聖教ばかり披見し、夜は子丑の刻まで燈のもとにて聖教に向ひ披見し、曉は寅卯刻巳前より佛前にありて、佛法の一義ばかり讃嘆せし也。本願寺の御坊にては縁廊下端ばかりをつたひあるかれ、中をば亡父尊老御通りの路とて、中をば聊かも踏まれず侍りし也。此の如き覺悟にて侍る間、國中隣國近付衆信のなき、一生の間歎きにて、其を違例とせらるゝ事にて、廿五年の間所勞候。一向無機心(二)に御成り候ひしが、往生ちかくなりて五六日前より本心に成りて、安心の一儀等堅固に物語り候。往生ありし其後、奇瑞ども繁多也。

四五七　古へ、兄弟中おのおのなみ居侍りしを、縁など蓮如上人御通りあるとて、座敷の内を御覽ぜられ仰せけるは、あまたの人々の聲したりしが、誰も人がなきよ、と仰せられて、御通りありけり。兄弟の中にて、本泉寺二代に蓮

(一)丈六―あぐらかくこと。趺坐。丈六佛像より來る語。
(二)無機心―無記心か。意識不明の狀態。
○四五七―仰一八五

乘と妹の壽尊（一）比丘尼と、兩人に一人、座中に御入り候へば、人があるよ、と常々仰せられけり。兩人ならでは人とは思召さゞる事也。

四六 本泉寺勝如尼公と申すは、玄眞法印四女時藝《綽如》法印孫也。宣祐法印室。兼鎭僧都病氣によりて、廿餘年の間悉皆住持代として、諸事はからひたりき。世間佛法共に、寺内の事は申すに及ばず、加賀一箇國事も此尼公のはからひにて、不斷國中他門寺々衆音信共にて、威勢も限りなく、富貴自在にして、佛法興隆の人也。蓮如上人實如上人の仰せにも、北陸道の佛法は此尼公の所爲なり、とぞ仰せられける。文明の比、蓮如上人より中違ひの事侍りし、と也。實如蓮悟等に各〻に御物語ありしは、此の中違ひの事は常の人にかはりたる御中たがひ也、とぞ仰せられける。何事ぞといふに、本寺へあまりに細々（二）の音信あれば本泉寺斷るべく候。本寺を心に入れらるゝ事數限りな

（一）壽尊—蓮師第六子見玉尼の妹。叔母攝受庵見秀尼の弟子となり、法名壽尊、淨土宗淨華院流相傳、當流に歸し、晩年富田敎行寺に居る。永正十三年寂六十三歳。四五八—仰一九三

〇（二）細々の音信—細々は再再のあて字。蓮師勝如に宛てて、人に物をまゐらせて其の力にて往生を期する不可を誡めたもの「遺文」一八八にあり。

く、時々折々に物を上せまゐらせらるゝとて、蓮如上人御中をたがはれ侍りける。さらば、音信申すべからず、との佗言を申され、御中を直され侍りしが、蓮如上人仰せに、音信すべからずとて、中を直しては、後には猶ほ本寺へ物を上せ、音信ありたる人なり、と蓮如上人の仰せとて、實如上人御物語ありし。

四五九　将軍家の上臈に春日局と申すは、攝津守姫、代々祗候の事なり。實如の妹愚老などが姉の妙(一)秀(宗)と申せしを、幼少の時より養育せし人也。然れば、蓮如上人へも知音也この妙秀を養育せし事を深く悦びまし〳〵けり。この春日局も後生の事を尋ね申されけるが、心得よくもとゞかず侍りければ、痛はしく思召し、この局の後生の事は何となりともすべきなり、愚老が請取り申す、と常々仰せありけると也。

四六〇　深草の里の淨西《せい》寺と云僧あり、小兒醫者にて侍りし。

○四五九—仰二〇一
(一)妙秀—蓮如第九子、「三時智恩院喝食、號珠光、出家法名妙宗、十七ケ年病氣、天長六年卒、七十九」と系圖にあるが、其他の記には上記外に、「慈照院殿義政、號左京大夫」ともある。
○四六〇—仰二〇二

此僧深甚の知音人にすぐれたりき。正直にして正路の人たり、人々皆親しみありし人也。又細川右京太夫政元威勢の砌も、此淨西寺を一段と知音にて、如何様に機嫌わろく侍る時も、淨西寺に會ひては氣を直し侍りき。されば、常に人々も賞(翫)にて、政元の機嫌をよからしめんと、此僧をよび寄せ賞したりし人也、奇特の仁也。蓮如上人ことさら親しく侍りて、法談の時も前におきて法談あれど、佛法も耳にいらず、むざ〱ときゝて、我れは今生の事は伊勢太神宮を憑み申す、後生の事は法印を憑み申す、と申されけれ。上人淨西寺の後生は請取るぞ、と仰せらるゝ也。されば、常の仰せにも、春日局と淨西寺との後生を預るぞ、と被レ仰侍りけると也。　〇四六一－仰一九九

四六一　荊且(契丹)國の人四五人日本にわたり、蓮如上人へまゐる事あり。堺の坊に御座の時、彼の國の人一子を失ひなげきて、子の向後《きやうこう》をも知りて、佛果になし給はれ、と觀音に祈

り奉るに、示現 あらたに かうむりぬ、日本に 渡り 後生の向後を 知るべし、と 告げ給ひければ、日本に 渡り、堺の津にて 觀音の 示現の 如く 尋ねゆきて、縁を 求め、蓮如上人に御勸化を うけて、ありがたき 旨 申しけり。本國の 出立(一)にて 御坊へ まゐりける が、事の外に 大きに、一間に 一人はありかぬる 程 なりける。その子孫 今も 侍る覧、とぞ 覺ゆる。

四六二　蓮如上人 御隱居 ありて、山科の御坊 南殿にて、ある女性の、御禮に 申さん とて、御禮 百四十文 もちて まゐりたり。折節、奏者の駿河 他行にて 侍りしかば、かの女性の 百四十文 もちて まゐりたる 數の程を をかしく 思ひ、若輩の人々笑ひゐたり。駿河 まゐり、披露 申されければ、百四十文 ありける を、不審に 思召し、御尋ね ありける は、この女の 百四十文 持來れる は、如何樣 子細 あるべし、主に 尋ねよ、と仰せらる、すなはち 主に 駿河 尋ねられければ、この女性、御

(一)出立—でたち、旅路に出て立つこと。轉じて、行裝、扮裝。
○四六二—仰一八二

不審尤にて候、是は、我が身麻を持ちまゐらせ候まゝ、糸にさせて一かせ宛賣りまゐらせ候、初穂を一錢宛取置き申して、百四十錢になり候を、其まゝ進上す、と語る。其由すなはち披露ありければ、事の外に御感ありて、其女性を召して仰せられけるは、これは一段の志也、汝は此間にたゞ一度來れども、百四十度如來と開山聖人へは參りけり、殊勝の志とて、難有むねを仰せられければ、この女性も歡喜の涙に袖をしぼりてぞかへりける。ありがたかりける事共なり。 〇四六三—仰一七五

四六三 蓮如上人は山科の御坊にて、四壁を御杖をつかれ御坊中御覽あり。板ひさしの端の出でたりしを、御杖にてたゝき入れられて仰せに、聖人の御用にて、門徒の人々の志にて取立てられたる坊中也、おろそかに思ふべからず、破れたらん所を見付け次第に、か樣におしなほすべし、皆御用の所の物なり、とぞ仰せられける。

四六四　江州に 志の人 侍りき。山科殿へ まゐる とて、路すがら あるき〳〵、袂へ小石の 栗 又は 茄子 の 大きさのを 取りて入れて、のぼりけり。人々 不審(支)しければ、山科殿へ もちてまゐり、石藏(一)の あひ〳〵に かひてけり、若し くづれては いかゞ、と 思ふ こゝろざし 也。ありがたき 心 なり とて、各感じ申されけり。其の入道の 在所も 名も 忘れけり、道專とやらん いひし なり。

四六五　同國より 志の人 ありて、菜を 作りて、春秋 山科殿へ 持たせて まゐらせける が、志ばし 我れも 食せずして、はやまゐりつきて、上々にも きこしめし こそ す覽、と 覺えし日數を 勘へて のちに、我が宿にて その 菜の類を 食せられけり。最も 志の 殊勝なる 事、と 其の比 人々の 沙汰ありし事 也。其の比より、江州には 畠作する 人々、菜の初穗とて、在々所々より 菜を まゐらせけり。

○四六四—仰二〇六
(一)石藏—いしがけ、石垣、石壁。
○四六五—仰二〇七

蓮如上人略年譜

皇紀	年齢	記事
二〇七五	1	應永廿二年春の頃、洛東大谷坊舍にて誕生、時に父存如廿歳、母は家女房。幼名考亭、又布袋丸と稱す。
二〇八〇	6	廿七年十二月廿八日、生母去りて行く處を知らず。
二〇八三	9	三十年、異母妹杤川尼如祐生る。母は海老名氏、出家法名如圓。
二〇九一	17	永享三年夏の頃、得度す。日野兼鄉の猶子となり、實名兼壽、假名右衞門督（後に中納言と改む）、法名蓮如と稱す。異母妹藤島尼如祐生る。
二〇九二	18	四年、異母弟應玄生る。
二〇九六	22	八年、異母妹四條尼如勝生る。
二一〇〇	26	十二年十月十四日、祖父巧如寂す。壽六十五。
二一〇一	27	嘉吉元年、異母妹粟津尼俊如生る。
二一〇二	28	二年、第一男光助法名順如生る。
二一〇四	30	文安元年、第一女如慶生る。

二一〇六	32	三年、第二男兼鎮法名蓮乘生る。
二一〇八	34	五年、第二女見玉尼生る。
二一〇九	35	寶德元年春の頃、修行の爲め關東に旅行す。
二一一〇	36	二年、第三男兼祐法名蓮綱生る。
二一一四	40	享德三年、第三女壽尊尼生る。
二一一五	41	康正元年、第四男康兼法名蓮誓生る。十一月廿三日、室如了(平貞房女、男女七子の母)逝く。
二一一七	43	長祿元年六月十八日、父存如寂す、壽六十八。大谷住持職を襲ぐ。
二一一八	44	二年六月、金森道西の請により正信偈大意を造る。八月、第五男光兼法名實如生る。
二一一九	45	三年、第四女妙宗生る。
二一二〇	46	寛正元年正月廿六日、叔父瑞泉寺宣祐寂す。第五女妙意生る。
二一二一	47	二年三月、初めて假名法語一章を作り、道西に授く。フミと稱す。
二一二二	48	三年、第六女如空生る。
二一二三	49	四年、第七女祐心生る。

二一二四	50	五年、第六男兼譽法名蓮淳生る。
二一二五	51	六年正月十日、比叡山徒の爲に大谷坊舍破却せらる。
二一二六	52	文正元年秋より七十日許り、祖像を奉じて江州栗本安養寺に在り。第八女了忍生る。
二一二七	53	應仁元年二月上旬、祖像を堅田本福寺坊に移す。三月―六月、叡山三塔より光耀丸(實如)宛に本願寺を末寺として安堵の牒狀を送り來る。第九女了如生る。
二一二八	54	二年二月十二日、祖像を大津道覺の外戸の新殿に移す。第七男兼緣法名蓮悟生る。
二一二九	55	文明元年、大津近松坊舍成り、祖像を移し安ず。第十女祐心生る。
二一三〇	56	二年十二月五日、第一繼室蓮祐(如了の妹、男女十子の母)逝く。
二一三一	57	三年三月八日、叔父常樂臺光崇寂す。四月上旬、行化の爲に北國に赴く。七月廿七日、越前吉崎の坊舍成りて滯在す。
二一三三	59	五年三月、和讃及び正信偈四帖を開版す。
二一三五	61	七年八月下旬、俄かに吉崎退去、若狹丹波攝津を經て河內出口坊に

		入る。
二一三七	63	九年、第十一女妙勝生る。
二一三八	64	十年正月廿九日、城州山科の地を相して一宗本坊の所と志、作事に着手す。八月十七日、第二繼室如勝（女子一人の母）逝く。
二一四〇	66	十二年八月廿八日、山科の祖堂成る。十一月十八日、大津近松坊より祖像を迎へ安ず。
二一四一	67	十三年六月八日、山科本坊の阿彌陀堂成る。
二一四二	68	十四年、第十二女蓮周生る。
二一四三	69	十五年八月、山科坊舎の作事完了す。
二一四四	70	十六年、第八男兼琇法名蓮藝生る。
二一四五	71	十七年？、第三繼室宗如（藤昌家の女、男女二人の母）逝く。
二一四七	73	長享元年、第十三女妙祐生る。
二一四九	75	延德元年八月廿八日、住持職を實如に譲り、南殿に退隱す。
二一五〇	76	二年、第九男兼照法名實賢生る。
二一五二	78	明應元年、第十男兼俊法名實悟生る。

二一五四	80	三年、第十一男兼性法名實順生る。
二一五五	81	四年、第十二男兼繼法名實孝生る。
二一五六	82	五年九月廿四日、大坂石山の地を相し、十月八日、坊舎成り、隱居所とす。
二一五七	83	六年、第十四女妙宗生る。十一月下旬、大坂坊舎の作事完了す。
二一五八	84	七年四月上旬より違例。第十三男兼智法名實從生る。
二一五九	85	八年三月廿五日、山科本坊にて圓寂。第四繼室蓮能に五男二女あり。

索引

あ

阿彌陀如來ノ御說……一六九
愛欲廣海ノ文ニ付不審……九〇
惡事ダニ思付モ御恩……三九五
惡人ヲタラシ法ヲ說ク……二一三
惡人ヨリ信者ヲ眞似ヨ……四〇一
安心トハやすき心……七
安心ヲ取リテ物ヲ言ヘ……六八
安心決定鈔ノ事……三四八、九
　同鈔ノ文……五五、五六、二八二
あかぬハ君ノ仰……一一五
上リ〳〵テ落場知ラズ……二六七
朝ノ御勤……五三
淺井ノ後室……八二
足ニ觸レタ召物ヲ頂ク……二三五
足ニ草鞋クヒノ跡……四〇〇
新シキ召物着タル時……四三〇
あとヲ結バヌ縫絲ノ喩……三一七
尼入道ノ喜ヲ聞ク人……一九〇
雨降炎天ハ勤短クセヨ……三六〇
過アレバ佛罰トイフ……四三一
過ヲ言合フ約束ノ人……二一六

い

已今當ノ往生……四〇六
衣食安穩ハ聖人ノ御恩……八
衣服等粗末ニ扱フナ……二三五
位牌窣都婆……四七
一句一言モ我ト思言フ……一八七
一向不信ト言フハ善シ……一六八
一切衆生ノ往生成就……一四
一宗ノ繁昌……二一七、四二〇
一生ノ仕事ミナ佛法……三四二
一生ノ志願ハ衆生化度二六、二八四
一心トハ佛心ト一ニ成事・二五七
一心ノ機ハ如來知召ス……一七七
一心ノ所ヲ善ク話セ……六三
一心專念ノ文ニ叶フ……三四
一大事ノ急用……二三二
一度ノ違ガ一期ノ違……一六〇
一日々々ト佛法嗜ム……三七六
一日、一月、一年ノ嗜……一三八
一人々々ノシノキ如圓……二六八
一人デモ信取ト聞タシ……二八四
――ナラ身ヲ捨ヨ……二〇九
一念ニ罪消ルカ消ヌカ……八三
一念ノ信心決定ノ時……四一六
一念ノ信力デ往生定ル……八三
一念ノ信力デ罪ヲ消ス……五〇
一念發起ノ機往生決定……八七

一念臨終マデ通リテ往生ス……四八、五八
一流ノ法ヲ謗ル人……一六、三三七
隠居蓮師ノ……一
いたりて硬キハ石……二九〇
板庇ノ板ヲ叩キ入ル……四六三
今言フ事ミナ金言……二九
今小路殿……一〇
色キハ立テ心中改メヨ……二九九

う

上ヨリ干テ下マデ干ル……三〇六
上様背ニ腫物出來ル……一七
憂キニ付喜多キ佛恩……二九七
鶯ノ鳥サシ狂言……一〇二
鶯ノ鳴聲……一二五
内者取外シテ佛ニ成ル……三八五

え、ゑ

廻向トハ如來ノ御助……八六
詠歌モ法門ナリ……三四三
疫癘ノ御文……三七
炎魔王ノ緣日……六
遠國衆座上セシム……四三三
圓如ノ語……一三八
厭足無バ法不思議ヲ聞……三三三
緣覺ハ獨覺ノ證……一八六
得手ニ法ヲ聞ク……二一五、三三二

お、を

王法ハ額ニ佛法ハ內心……三三六
往生ハ凡夫計ニアラズ……二四七
奥州ノ淨祐……三四〇
奥州下向信者ト談ル……一〇四
憶念ノ心……七八
憶念稱名イサミアリ……一四四
應玄……四四二、四四三
おいノ皺ヲノベバヤ……二一〇
可笑キ能デ退屈ヲ寛グ……二一二
幼キ者ノ劔ノ喩……三八〇
御座御堂ノ……一〇七
御助有リタルトアラウズト……六六、三〇一
御文
製作ノ旨趣……一一三
詞少ナニ作ル……一六四
讀違アルマジ……一四五、四〇二
淨賢所デ實如へ遺言……四〇二
如來ノ直說……二一九
凡夫往生ノ鏡……二七四
病中慶聞坊ニ讀マス

……一〇九、一一四、一三五、二三〇
所々ノ分讀マス……三一
參衆ニ讀聞カス……二七五
御文アリ難クト云ヘ……三五六
御文ノ上ニ法門ナシ……二七四
御文五帖目初通ノ文……二八二
御文聽聞ハ寶ヲ預ル也……三八七
御文讀聞カスモ報謝……三〇五
落タル紙切ヲ頂ク……四〇七
御亭ノ上段ヲ下グ……四三三
自ラ申サルゝ念佛……二七六
尾張ノ巧念……九七
大坂殿……九三、二六〇、二六九
大坂御坊建立ノ旨趣……一一〇
大勢中ニ聖敎讀ム注意……二
大谷御坊……四四〇、四四七、四四八
大谷破却及ビ其後ノ事……四四一

近江湖水一人デ埋メン 道宗……二九〇
思フ事ミナ成就シ思殘
ナシ……二五九、二六〇、三〇八
思タヨリ大ニ違フ極樂……三四六
思在於內色形於外 史記……五二
思寄ラヌ者物ヲ出ス時……二八七
親不孝ノ者御嫌ヒ……四二五
女ノ人ニ隱ルゝ喩……一八

か

加賀ノ安藝……四四、三三九、四四一
加州門徒放ス時ノ仰……三六一
開山ノ時ノ事ニ不審……二五五
開山親鸞聖人
至愚ノ相ヲ示ス……一三
人師戒師トナラズ……二八
船葺ニ醉ヒ給フ……三九

彌陀ノ化身……一三
弟子一人モ持タズ……八九
一大事ノ客人……三九三
御影ヲガマセ……七六
學匠物識法ヲ言立テズ……三三五
かけ字ノ始末 下附ノ……三八四
かげガ本ナリ……一七
陰デ讚嘆スル時 法敬……三一五
陰ニデモ我過ヲ言ヘ 法敬……二一
籠ニ水ヲ入レル喩……一八二
頭ニ亂抗ヲ振ラル……四四六
頭剃レド心剃ラズ……七二
春日局……四五九
形ハ法然、詞ハ彌陀……二一九
鉦叩キ念佛賣歩ク人……四二三
金森道西歸依ノ事……四四七
河野九門徒……九七

かへもの……三、五
神ハ濟度ノ胸ヲ焦ス 諸神本懷集・二三
神佛ニ馴レル……一五、二三三
紙絹ニ輪ヲサス……二四三
噬ト知トモ呑ト知ラスナ・一七三
輕々トシタルガ善シ……四一〇

き

機ノ扱スルハ雜修……九〇
機ヲ勘ヘ法ヲ說ク…一六四、二〇七
機ヲ見テ聖教ヲ許ス……一八
機法一體ノ道理……三四一
歸命ト發願廻向……四九、五四
久寶寺ノ法光……三四
久寶寺ノ法性ノ問……一六七
兄弟衆談合セヨトノ仰…二一五
教行證拜讀許可ノ事・四四八、四四九
教化一心ノ所ヲ言ヘ……六八
教化信ノ上ニテ効アリ……六一
教賢ト空賢……五四
慶聞坊龍玄、美濃
弟子トナル……四四七、四四八
報恩講參衆ヲ諭ス……二五
無案內參衆ニ讃嘆……九一
及ビ空善ノ讃嘆……四三七
御文ヲ讀ム
……三一、一〇九、一一四、一二五、二二〇
其ノ語……一五九
寂年……四四八
金言……二九、三四三、三四四、四〇八
きノ皮ヲ着ル色目……二〇四
木ノ切片ヲ大切ニス……八
黃衣……三四、三三〇
聞タクナキ事モ聞カン…二〇八
聞分ケテエ信ゼヌ人……五五
聞分ケタ人、聞得タ人…一四八
北殿……五三、七三、一三一、一六四
君ヲ思フハ我ヲ思フ也…一九三
きれば彌々堅シ 論語……二四六

く

九十マデ聽聞厭カズ 敬法…一四〇
口傳鈔ノ文……三一〇
久遠劫ヨリ久シキ佛……一九四
愚者三人ニ智者一人……三四四
空善
夢想……五九
御影御壽像御免……七四、九二
英賀坊造作……九五
大坂へ御病氣伺…一〇九、一一四
御上洛ヲ山科へ通知…一一七

御病中花鶯献ズ……一三三、一三五
同御側祗候……一三五、一三一
其ノ語……三六八
遇獲信心遠慶宿縁（略文類）……四六
果後ノ方便……一九四
過分ノ事御嫌ヒ……三五八
觀經ノ文……五三
願生ト又四郎……五〇
願生ノ語……三一一
願力不思議ノ現ハレ……一九四
郡家ノ主計ノ語……一五五
下サレ物ヲ取テ信取レ……四一三
口ト身ノ働、心根……二三四
熊野伊勢ノ神主……一五

け

下人ノ詞ヲ信用セズ……二〇二

繼母如圓尼……四四二
兼縁蓮悟
　名號ヲ申ス時……一六五
　御文ヲ申ス時……三二七
　背摺布買フ時……四一二
　下サレ物辭スル時……四一三
兼縁ノ夢……三五一―三五五、三六七
經讀メ、御文信仰セヨ、田舍ノ雜行雜修、今ガ一大事
蓮誓ノ話、夢ヲ注ス譯、梅干ノ喩
兼鎮蓮乘……四五六、四五七
兼譽蓮淳父ノ腫物拭フ……一七
　堺坊へ行ク……一五二、三七五
兼譽兼縁……三〇三、三七一
顯智師ノ仰ヲ守ル……三九、三三八

こ

五具足……一四
五體投地頭面作禮……三二
後生ハ彌陀、今生ハ諸神……一
後生一大事ト云ニ同心（如實）……二四七
後生ハ油斷デ仕損ズ……二〇五
御恩喜ビ厭クコトナシ……三三〇
御恩知レト言フ事……九九
御膳ニ向ヒ合掌……二六六
御膳モ直ニ食ハズ……三六六
御掟ノ如ク信ゼズ……一九
御動座ノ（將軍）……二五
御用……一五四、一七三、二四二、二五八、二六六、四〇七、四一二、四一三
口中御煩ノ時ノ仰……二〇六
功成名遂身退天之道……一、二六〇

光明ノ働キ……三〇六
光明徧照十方世界觀經……三三
幸子坊ノ語……四三、四五四
極寒ノ手水モ冷水……四二八
極樂へ參ラント願フ人……二一八
乞食沙門顯鵝珠……二六一
今生ハ伊勢後生ハ法印……四六〇
今生ノ事程佛法喜度シ……三七六
今生ノ轉變ニ佛恩喜ブ……三九七
權化ノ再誕……三九九
小石ヲ拾ヒ來ル同行……四六四
こがねヲ掘出ス聖敎……三四八
こころヲセメヨ……一三九
心御詞ノ如ク成ラヌ法敬……一四六
心ニ僞アラジト嗜ム人……三四七
心ニ任セズ嗜メ……一四七
心得アル上ノ違……一八一
心得タト思ハ心得ヌ也……三一〇
志申ス時ノ我物顏善宗……一五四
志ノ人ヲ前ニ讃嘆法敬……三八〇
詞丈デハ紛レル……一六八、二八一
詞ノ如ク心中有ルガ肝要……四三、二八〇
此機ノ上ニ持ツ口傳抄……三一〇
衣ノ色……一〇〇、二六四
衣ノ襟叩キ南―佛ヨ……一九六

さ

座上……九七、四三三
座敷ノ燈火燈心二筋……四二九
再興ノ上人……二八五
妻子ホド不便ナハナシ……一五八
歲末ノ禮……六四
在家宗ニテ繁昌……一一
罪障消滅ノ意義……八三
罪障ハ彌陀ガ御消シ……三〇六
雜行……三二
雜修ノ失……二四五
三位殿（兼譽）……一七、七三
三有……四二
三熱ノ苦……三三
三番淨賢所デ御文ノ事……四〇二
三名號ノ事六九十字……七〇
讃嘆ノカドヲ聞ケ法敬……一四三
讃嘆信取ラズハ詮ナシ……三二九
讃嘆サシ寄セテ言へ……一五三
讃嘆談合ハ佛法ノ慧命……二四八
堺殿……六七、六八、七三、一五三、三二八、三七五
堺ノ日向屋……一六六
酒等デ近付ケ法ヲ説ク……三〇九

し

四海ミナ兄弟ナリ……三四五
思案ノ頂上……三四一
自信教人信……六七、一八八、一八九
自力デ憑ミ他力ヲ顯ス……四一
自力念佛、他力念佛……四五、四八
時宜然ルベキ人……一九二
時節到來ト云事……二〇〇
慈照院義政……三六
十惡モ廻心セバ往生ス……四一四
十念ト一念トノ不審西山殿……四〇
十六日ニ善ヲ作ス事……六
從善金森ノ道西
　歸依ノ事……四四七
　蓮師ヲ尋當テタル時……二九七
　山科御坊建立ノ豫言……二九六
下附御掛字ノ事……三八四
徒然ヲ知ラズ……二九四
履脱ガヌ人ニ法ヲ説……二九五
法然ノ化身……二九六
歿年……二九六
實如上人
　供御粗末ノ事……四三八
　御禮錢ノ始末……四三九
　御病中夢想……三七〇
　病中自督ヲ語ル……三七一
　前ヨリ御相續ノ義……一七八、一七九
　讃嘆談合ノ夢想……二九八
　其ノ語……一四七、一七八、一七九、一八八、一九六、二四七、三三三
　其ノ物語……一八八、二九七、三〇〇
捨身ノ行……二〇
釋迦ノ化身ハ存覺……四〇五
邪義ヲ言フ者憎シ……四二五
正信偈和讃ヲ勤メル意……五七
正定聚ト滅度……六六
正義モ繁キハ停止……三三九
生死ハ因果ノ回ル相……三三
靑蓮院……七三、四四〇
聖教ハ繰レ〳〵……一八四
聖教ハ句面ノ如ク見ヨ……一八四
聖教恡ムハ能弘メン爲……一八
聖教好キノ子孫……一五〇
聖教覺テモ信ナキ人……五八
聖教私ニ書クベカラズ……一八
聖教讀ハ法ヲ言立テズ……一九〇、三三五
聖教讀ノ聖教讀マズ……一八九
聖教拜見ノ心得……一八三
聖人ト直ニ言フハ聊爾……三七三

聖人ノ御罸……一五二、一七四
聖人ノ御恩……八
稱名ノ意義……三、四七、六二、八二
稱名自他宗ノ別……八〇
稱名モ佛智ノ催シ……二七六、四一七
稱名懈怠スル時……六五
稱名アル所我ガ跡(法然)……四七
稱名ハ不廻向……八四
勝如尼……四五八
照如得度……七三
聲明……二七
上段ヲ平座ニ改ム……四三三
上洛衆接待……三九四、四三五、四三六
成佛ハ貧富ニ由ラズ……一六六
成佛ヲ思フハ凡夫ノ計……四二一
常住衆……二七
浄西寺ノ事……四六〇
浄土ハ始テ行ク處……四二
浄土ノ法門ハ第十八(決定抄)……二八二
浄土門ニ四ヶ流……一二
須ノ文點ハ用ノ文點……五
腫物背ニ出來(蓮師ノ)……一七
衆生ヲシツラフ……一五七
衆生往生ハ如來成就ス……一四
壽尊尼……四五七
宿縁、宿善……四一、四五
宿善自他宗ノ別……三三三
宿善開發ノ遲速……四〇六
宿善ニ由テ憑ムナリ……四一
宿善メデタシ、難有シ……三三二
述懷……二〇、五一、七三
順讃御ワスレ……五一
順誓(法敬坊ヲ見ヨ)……三七、一七〇
報恩講參衆ニ傳達……二五
罪障消滅ノ不審……八三
其ノ語……一八八、二二一
順如上人ノ事……四五五
心源徹セバ覺道不成ヤ……二九〇
心中改メント迄ハ思フ……二七二
心中改メンニ際ヲ立ヨ……二九九
心中明カサヌハ無宿善……一一二
心中ヲ扱フ時ノ仰……二七〇
心中直セバ勸氣モ御免……三三八
辛勞ニテ佛法御再興……二三七
辛勞モセデ得取ル上品……三二五
信心ハ佛智ナリ……四一七
信心ノ體名號ナリ……一六五
信ノ一念ト云事……四一六
信後相續ノ模樣……七八
信ヲ獲タ姿ハ報佛恩……九
信心ニハ名號ヲ具ス(信卷)……三一七

信獲ルヲ宿善時至ルト……三三三
信ヲ取ル者ハ大果報人……一六
信ヲ取ルハ自身ノ德……二〇八
信決定ノ年月日…………四一五
信ノ上ハ
　一句一言モ報謝ト成…三〇五
　心柔ラグ…………三九〇
　サノミ惡事有ルマジ…三一六
　心中ヲ幾度モ言ヘ……一六七
　善知識ヲ崇ム…………二〇三
　卑下スベキニ非ズ……二七五
　獨リ居テ喜べ…………二五〇
信心ニ慰ム…………一三九
信アレバ辛勞ト思ハズ…二六九
信アル人貴ク見ユ…三〇七、三三〇
信心ノ者座上セシム…九七、四三五
信心ノ人ハ兄弟…八八、一一六、三四五
信心一味ナラ中モヨシ…一一八
信心アレバ佛法立ベシ……一九
信ノ上ニテ教化セヨ………六一
信決定シテ人ニ取ラセ……六三
信心ノ一義巾立ガ肝要…三三四
信心安心トハ愚人不解…二八二
信ヲ取テ我ヲ喜バサント
　思フ…………二〇八
信取ラバ恩ニモ思ハン…二〇八
信取ト聞クガ唯一ノ喜…二八四
信取ラス爲ノ費モ報謝…三〇九
信取ラント思人ナシ…二一八、二七二
信ハ容易ク發シ難シ……二四七
信獲タル者少シ…………五一、九七
信アル者一二人カ四五人
　カ…………………四三、一四二
信心ハ聽クニ極マル……二〇〇
信決定ノ人ノ如ク成ラン
　ト思ヘ…………二九一
信ナキ者見レバ悲シ…九八、四二五
信ナキ者ニ御會ナシ
　…………六七、九四、一〇一
信取ラヌガ惡シ…………二八三
信ナキハ曲事…………一八五
信ナキユヱ諍論モ起ル…三九〇
信ナクテ佛法ニ仇ス……九八
信ナク大事聖教持ツ人…三八〇
信ナクテ紛レマハル慶聞…一五九
信得ズニ喜バント思フ…三一七
信ナキ人ノ聖教讀ハ有難
　クナシ願生…………三二一
信ナキ人ニ心置クベシ……一九二
神前不禮拜ハ掟ニ背ク……三一二
神佛ニ馴レテハ忽カ也…三三三

神佛ニ馴テハ信仰ナシ……一五
進上物ヲ衣ノ下デ拜ム……三九六
進上物ヲ他宗ニ出ス事……三六二
進上物卽チ開山御與ヘ……三九六
眞桂ノ語……四一九
眞實信心必具名號信卷……三一七
眞要鈔ノ文……五〇
新羅明神……一一〇
親鸞聖人ノ仰……二八
親鸞聖人ト言ハ恐アリ……三七二
しげき事世間ノ事停止……二二九
死ヌ者有モ信取ルナシ……三八一
下間安藝ノ事……四四、三三九、四四一
下間駿河善宗……一三、四五二、四六〇
下間丹後蓮應……二六、一九六
知リ相モ無キ者ガ知ル……二六三
知レル所ヲ問ヘバ得分……一七五

す

瑞林庵深草淨西寺……三、四六〇
好事幾度聞テモ厭カズ實如……三三三

せ

世間ヘ使フ事佛物ヲ……四二四
世間機惡ロシ……一九一
世間三昧……四五三
世間話ヲ佛法取成セ……一四九
世間話ノ座デハ人並……二九三
世間佛法共ニ愼メ……一九
生母ノ事蓮師ノ……九五
誓願寺……一〇
誓願寺ニ能サセラル……六七
攝取不捨ノコトワリ……三〇二
宣祐如乘……四四三
專修正業ノ繁昌式文……二一七
瞻西上人……三〇二
前ヨリ相續ノ義……一七八
善ヲ作シテ換物ニス……六
善巧方便……二七三
善宗ノ事(下間駿河見ヨ)……四五一
　其ノ語……四五四
善綽兩御代ノ事……三二〇
善知識仰成ラヌ事ナシ……二八九
善知識ヲ忽カニ存ズ……二〇三
善人ノ敵、惡人ノ友……二四五
善鸞坊跡御覽ナキ事……四四〇

そ

造作普請モ佛法ノ爲……三四二
卽得往生、卽便往生……三八
觸光柔軟ノ願……一八六、三九〇

賊縛比立脱草繋……二六一
存覺ハ大勢至化身……四〇三
存覺辭世ノ歌……四〇五
存覺御作文中不審ノ事……二五四
其人ヲ知ニ其友ヲ見ル……二四五
虞言申サヌハ精一杯……三四七

た

他宗ハ稱名ヲ我物トス……八〇
他宗ハ勤ヲシテ廻向ス……五七
他宗ハ念他ヲ使フ……二三六
他力……四一、四八
他力ノ願行ヲ久ク決定鈔……五五
他力信心〳〵ト見ヨ……一八五
他力大行ノ催促……六五
他力ノ念佛……四五
退屈心ヲ寛ゲ法ヲ說ク……二一三
大切ニ求ル心デ法ヲ聞ク……二二四
大果報人……一六
大罪人トテ殺スコト御悲……三二八
大身小身、小人大人……三〇
大善大功徳ノ體……四九
丹後法眼蓮應……二六、一九五
嘆徳文ノ文……一三
嘆徳文ノ讀方……三七二、三七四
談合ニ物申サヌハ不信……三〇〇
高田ノ顯智……三九、三三八
高田トノ問答ヲ止ム……三七
田上ノ了宗曉ニ參ル……二六九
助ケ玉ヘル娑南―佛……四五、五〇、八二
疊ヲ叩キ南―佛ヨ實如……一九六
樂ムト聞キ往生願フ人……二一八
憑ム一念デ往生スル證……一七九、二七〇
たのむ一念ガ肝要……二八五
憑ム機ヲ如來ハ知召ス……一七七
憑ム心念ズル心皆御與ヘ……八四
憑ム者ヲ御助ノ娑六字……四五、八二
貴ム人、タフトガル人……三五八

ち

知恩院……三四
朝夕ハ如來聖人ノ御用……一七二
朝夕勤行ハ往生ノ種カ……七九
聽聞倦時法敬ニ諭ハス……四一八
聽聞ニ厭足ナシ……一四〇
聽聞かどヲ聞ケ法敬……一四三
聽聞我ガ爲ト思ハズ……一七六
珍物モ食セズバ詮ナシ……三二九
近松殿……三六、六三、七三、一三五、一五二、四五四

近松殿ノ語……一五二
兒様照如御得度……七三

つ

勤ハ往生ノ種ニナルカ……七九
つとめスル旨趣……七九
勤ノ時順讃御忘レ……五一
勤ヲ仕テ佛ニ參ラス……五七
勤ノふしはかせ……一八一
罪ノ沙汰無益ナリ……八三、八七
罪ハ障トナラズ無キ分……八三

て

亭上段ヲ平座ニ改ム……四三二
敵陣ノ火ノ喩……二六二
天王寺土塔會……二一四
弟子一人モ持タズ改邪鈔……八九
手デスル事足デスル……一五、二三三
出口殿……三一、四四一
出口殿建立者……四四六
出口殿出水……三五

と

東西走回テモ言タキ事……九一
當流法門ハ信心ノ一義……三三四
燈心二筋……四二九
燈臺モト暗シ……二二四
同一念佛無別道故……三六七
同行ヲ方々ト云ハ平外……三五一
同行ニ耻テ冥慮畏レズ……二二八
同行善知識ニ近ヅケ……二四五
同行寄合ニハ物ヲ言ヘ……一八〇
堂衆ノ無道心……九六
道宗ノ事赤尾ノ……四五二
御文ヲ申タル時……三七八
蓮師ノ光明ヲ拜ス……四五二
其ノ語……一三八、二二六、二八九
篤信者座上セシム……四三三
貪瞋煩惱中能生散善義……三三二
稱へ行ズルデ往生セズ……五
稱ヘル名號我物ニ非ズ……八〇
遠キハ近近ハ遠キ道理……二二四
取リ外シタラ佛ニナル……三八五
ともノ同行……八九
富田殿……六〇、六三、六七、八二、九二、九三

な

南無ノ無ノ字書キ方……七〇
南無ト發願廻向……四九
南無阿彌陀佛
　願力不思議ノ現レ……一九四

衆生往生ノ證據……一七九、二七〇
信心ノスガタ……………五〇
信心ノ體………………五二
眞實ノ寶…………………三三六
大善大功德ノ體………四九、八〇
凡夫往生ノ證據……一九四、三一五
憑ム者ヲ助給フ姿四五、五〇、八二
燒モ失モセチ重寶……三三〇
南無阿彌陀佛ノ正覺……一四
――ノ主ニナル…………三三六
――ニ身ヲマルメル……一九五
菜ヲ上ゲル同行………四六五
何ト憑ムカヲ示ス……二八五

に

日光普ケレド盲ハ見ズ……一五
如來知召ス樣心中持テ……二七七
如來ハ憑マセテ御助ケ……四一七
久師戒師ヲセズ…………二八
憎キ者タヾ二人…………四二五
西山殿ノ不審……………四〇

ね

涅槃分……………………三〇一
年頭ノ挨拶………………四五四
念稱是一…………………五二
念佛、自他宗ノ別………八〇
念佛スル旨趣……………八二
念佛ヲ賣アルク人………四三
念佛名聞ト思レント嗜……二二七
念佛懈怠スルトキ………六五
念佛ノ流マチ〳〵也……一六

の

野寺…………………………三八
野村殿…………九二、一一七、二九六
のれんヲ上ゲテ南―佛……二七九

は

破門者心得直セバ赦免……三三八
廢立ノ義…………………二七三
八十マデ徒然知ラズ從善……二九四
萬事ニ喜多キハ御恩……三九七
計フテ申ス念佛ハ自力……八四
履ヌガヌ人ニ法義言フ……二九五
蜂ヲ見迦ニ殺ス時稱名……二七八
始メタル所ヘ行ク…………四二

ひ

非僧非俗以禿字爲姓 仕卷……二四
譬如月光覆雲霧 正信偈……二三一

微音ニ物言フハ悪シ……四一〇
病中ノ仰ミナ金言……三四三、四〇八
百四十文上ゲル女姓……四六二
稗ノ粥……………一〇四
東山大谷御坊ノ指圖……四四〇
髭剃ニ截ラヌ事ナシ……一五五
一ツ事毎モ珍シク聞ク……………二三五、二三六
人ノ悪事ハ能ク知レル……一九二
人ノ言フ事ハ當座領掌……二一六
人ノ言フ事ヲ信用セヨ……一九二
人ニ劣ルマジキ心アリ……二五六
人ハ輕々トシタル善シ……四一〇
人ヲ知ルニ其友ヲ見ヨ……二四五
人信取ナラ身ヲ捨テヨ……二〇九
人信取丈ハ心ニ任セズ……………二五九、三〇八
人ニ隨テ法ヲ御聞カセ……………二〇七、三一三
人ノ善悪ハ近習ニヨル……二四五
人傳ヘル御詞ヲ信ゼヨ……二六二
人ニ直サルヽ樣心掛ヨ……二〇二
人ニ負ケテ信ヲ取レ……二五六
人ノ身ニ六賊アリ……二三一
獨リ居テ嘉ブ……二五〇、二九八
獨デサヘ貴ニ二人デハ……二九八

ふ

不思議ノ法ヲ知ル……三八三
不信者佛法ヲ違例ニス……三六九
不信者寄合デノ態度……三〇〇
不審タヾ一言デ御晴シ……二七〇
不審ト一向知ラヌト……三一八
不退ノ密益……三〇一
福田寺……一〇、五六、一三三
佛恩アリ難クト言ヘ……三五六
佛恩ガト云ハ聞苦シ……三五六
佛恩ヲ嗜ムト云事……三三二
佛恩報謝……三、六二、七八、八二、九九、二六九、二七六、二七八
佛願ノ體ニカヘル……九
佛心ノ蓮花ハ胸ニ開ク……五六
佛説ニ信謗アリ……二四九
佛法ヲ主、世間ヲ客……二五三
佛法ヲ仇ニスルハ悲シ……九八
佛法ニ明日ト云事無シ……一九八
佛法ノ事ハイソゲ〳〵……一九八
佛法ヲサシ寄セテ説ケ……二八二
佛法三昧……一、四五三
佛法ハ捨身ノ行……二〇
佛法ハ知相モ無者知ル……二六三

佛法ヲ好カヌ故嗜マズ……三六八
佛法ノ事ヲ世間ニ取ル……一四九
佛法ニハ世間ノ暇カケ……二五一
佛法ト世帶ト嗜ニヨル……四一一
佛法ノ爲ニ辛勞覺エズ……二三三
佛法ハ内心ニ……一一
佛法繁昌……四二〇
佛法ニハ萬事油斷スナ……一九七
佛法ハ聽聞ニ極マル……二九〇
佛法ハ無我ニテ候……一七四、二五六
佛法ハ能々人ニ問へ……二六三
佛法領解ノ心……九
佛法ハ若キ時嗜メ……一五六
佛法ハ心ニ任セズ嗜メ……一四七
佛法者馴近キテ損ナシ……三九八
佛法者ハ法威力デ成ル……三三五
佛法者奉公人御用思へ……三五九
佛法者ノ過ヲ見テハ……三二一
佛物……九、三三四
ふしはかせ……一八一
ふと申ス念佛……二七六、二七七
船葺ニ醉フ……三九、三三八

へ

平座……八八
平座スル譯……二九、四三二

ほ

方便ヲ惡シト云事……二七三
法ヲ意樂ニ聞ク……二一五
法ヲ亂ス者ヲ以外腹立……三四〇
法ヲ說キ人喜ブ時……三〇四
法ニ荒目ナルハ惡シ……二二三
法義ニシタキ者三人……四二二
法義者別シテ目ヲカク……四三四
法敬坊（順誓ヲ見ヨ）
安心ノ通リ讃嘆……一五三
佛法繁昌ヲ言フ……四二〇
九十迄聽聞厭カズ……一四〇
造作御上手ヲ嘆ズ……三八三
无我ニ付キ問答……四二四
讃嘆ノ効……四三七
其ノ語……二五三、三一三、三一五、三七九
三五〇、一四〇、一四三、一四六
法敬トハ兄弟ヨ……三四五
法敬ハ十年生延ベシ……三六三
法敬尼公ノ不信心……三一四
法然聖人遺跡ニ付仰……四七
法然聖人御衣ノ色……三四
法文覺エテ賣リ心……一七四
法門……二七四、二八二、三三四、三四三

法門ト庭ノ松……………四二一
報恩講
延德元、次第、御莊嚴等一〇
同二、御動座ニ付蜜修…二五
明應四、御堂宿衆ヲ定…六〇
同五、御傳御讀ミ………七五
同六、御上洛ナシ………九三
報謝稱名……二七六、二七七、二七八、二七九、四一七
坊主心得直ス時ノ仰……二一一
坊主ト云ハ大罪人也……三八六
坊主我身ヲ勸化セズ……三七七
北國門徒上洛ナキ時……三九一
發願廻向ノコヽロ………九
本願ノコヽロ……………四
本遇寺……………一〇、一三三
本寺ハ聖人御存生ノ如…三一九
本寺ノ難…………………一九
本尊ハ掛破レ……………一六三
本尊名號ヲ身ニ卷眞柱……四一九
凡夫往生ハ秘事秘曲……三八二
凡夫佛ニ成ル不思議・一七一、三八三
凡夫往生ノ證據……一七九、一九四
凡夫往生成就ノ體………五
細川大心院政元玄蕃頭……四四、八一、四六〇
ほとけニ成ラント思フ…四二一
ほゝノ木ニ實成ル………三六

ま

毎事ソラ恐シク思ヘ……一九七
毎日一巻ノ經ヨメ蓮悟夢……三五一
慢字ヲ守ニ掛ク…………二八
まぎれる……一五九、一六八、二八一
まゐらせ心惡シ……二三〇、二八六
まきたて…………………二〇一
守ルニ由テ生死セズ……二三

み

彌陀憑メト敎フル人……一七〇
彌陀憑ムガ念佛…………二七七
彌陀憑ムガ冥加ニ叶也…三〇三
彌陀ヨリ念佛サセラル…四一七
彌陀ガ言ハセラル………四二六
彌陀ノ敎ヲ弘敎ト云……三三三
彌陀ノ御恩厭クコトナシ・三三〇
彌陀大悲ノ胸ノ中決定鈔……五六
彌陀ノ化身………二四、三九九
名號、繪像、木像………一六三
名號三百幅書ク…………四五三
名號夜晩ク書ク…………三二八

名號稱ヘテ佛ニ參ラス……三
名號已ホド書タ人ナシ……三三
名號燒ケテ佛トナル……一七一
名聞無テハ佛法立タズ……二八
名聞ヲ恐レテ稱名嗜ム……二二七
妙秀尼……四五九
冥加ヲ思ヘ……一七、一九二、一九五
冥加ニ叶フ事……八、三〇三
冥加ニツキル……二四四、三三六
冥加ニ付申置ノ事……四二七
冥見ヲ恐レヨ……一七七、三三八
身暖ナレバ睡キザス……二八九
身ヲ輕ク御恩ヲ重ク……三三一
身ヲ捨テル……二〇、二七、一〇四、三三八
身ヲ捨テ平座スル譯……八八
身ニ知ラレル惡事……二九二
三井寺燒失ノ時……一一〇
御厨入道ノ語……四四六
水ノ一口モ御用……二五八
御堂ノ御座……一〇七
南殿……一、四三、五一、七三、二五四、二七〇、二七八、四三一、四五二
南殿山水牀上デノ御話……三四六
美濃殿……二一、三一、三三
耳ナレ雀ノ歌……二七一

む

無益ノ歲末ノ禮……六四
無益ノ問答……三八
無我……一七四、二五六
無我ノ問答……四二四
無碍光本尊燒ケタル……二一
無始已來輪轉六道眞要鈔……五〇
無生ノ生……八五
無信ガ本寺ノ難ニ成ル……一五
無信者ヲ押テ連來ル……一〇一
無文ノ衣服御嫌……二六四
無用ノ買ヒ事……四一二
無用事スルハ冥加ナシ……三六四

め

滅後兄弟中申合……一三五
めうしノ角ノ歌……七二
珍ラシキ事聞度思フ……一六七

も

木石待緣生火式文……五九
文アル小袖掛置ク……二六五
文釋覺テモ無信ハ徒事……三一二
門徒ニモタレル……五九
門徒ヲ聊爾ニ思ハ曲事……三九二
門徒接待ノ條々……三九四

物食フ毎ニ御恩思フ……三六五
物識リガホ……一三、一五三

や

焼ケモ失セモセヌ重寶…三三〇
焼ケタル名號……一二、一七一
やすきコヽロ……七
家作リ頭ヌレズハヨシ…三五八
山科殿……三一、三四、四三〇、四三五、四四一、四五四
大和ノ了妙……一六六

ゆ

油斷ト云ハ無信ノ故也…三〇〇
油斷デ後生仕損ズ……二〇五
油斷無沙汰ナ仕ソ……三一三
遺言師蓮ノ……一三、一二八
行先斗リ見テ踏カブル…二八八
タサリ案内ナク參ル衆……九一

よ

幼少ノ者先ヅ物ヲ讀メ…三一二
陽氣ト陰氣ト云事……四〇六
善事ヲ思付クハ御恩也…三九五
善事仕タガ惡キ事有リ…二八六
善事ハ成ラヌ迄モ嗜メ…三四七
善事セバ我善キ者ニ成…三二六
克ク施シ克ク持テ……四三九
吉崎殿……四一九、四三三、四四一、四五三
義尙將軍……三六一
よみぢのさはり……三〇八
寄合ノ時ハ物ヲ言ヘ……一八〇
寄合ニ物言ハヌハ無信…三〇〇

ら

禮拜ノ麁相……三六

り

利生ノ袂ヲシボル……二三
理ヲマケテ情ヲ折ル……二五六
龍玄ノ事……四四七、四四八

れ

蓮臺ニ乘ル迄安堵ナシ…二四八
蓮悟兼縁……四一六
蓮崇赦免ノ事……三四〇
蓮乘……四五六、四五七
蓮智……三一一
蓮如上人御若年砌ノ事
生母ノ事……九五

繼母ノ事……四四二
佛法再興ノ念力……二三七、二三八
衣服ノ事……二四四
こぶくめヲ着ル……二三九
御膳ノ事……二四〇
黑木焚キ聖教讀ム……二四〇
召使ナシ……二四二
幼童ノ襁褓ヲ洗フ……二四一
藝能嗜マズ……一六
紙絹ニ輪ヲサス……二四三
足ニ草鞋クヒノ跡……四〇〇
繼職時ノ紛紜……四四三
蓮如上人御往生前後事
明應七夏ヨリ御違例……九四
五月七日御暇乞上洛……九四
藥師ノ事……一〇五
御堂御出仕ノ事……一〇六
六月十五日能御覽……一〇二
七月七日光闡坊上洛……一〇三
八年二月十八日上洛……一一七
廿一日御影拜禮……一一八
廿五日土居御覽……一一九
三月一日北殿へ御出……一二一
御遺言……一二一
二日花御覽……一二三
七日御影へ御暇乞……一二四
九日御亭へ御出、法敬
空善了珍召シテ語ル……一二五
御馬御覽……一二七
十七日四反返シ念佛……一二八
十八日兄弟中へ申置……一二八
廿四日法敬空善御別ヲ
申ス……一三一
廿五日御往生、御遺骸
拜マセ……一三一
廿六日御茶毘……一三三
殉死者ノ事……四四五
廿七日御拾骨……一三四
滅後ノ奇瑞……一三四
御中陰三七日……一三六
御兄弟中申合……一三五

ろ

六賊……二三一
六人中四人ハ違フ……一四一
六要鈔製作ノ旨趣……四〇四
六要鈔ノ文……三三三

わ

和歌
いまははや一夜存覽……四〇五

おどろかす甲斐古哥……二一七
かたみには六字蓮如……三九九
きみが代を久し愛宕明神…八一
けふばかり思ふ覺如……一六一
しろたへの雪は政元……八一
つきかげの至らぬ法然…五三
とりべのを思ひ開山……七二
ふたつとも三つ義政……三六
ほゝのきにみこそ蓮如…三六
みなひとの眞の信蓮淳…一五二
よのなかに尼の心開山…七二

和讃

五ツノ不思議ヲ説曇鸞…五三
願力無窮ニマシマ正像末……四
五濁惡世ノ我レ等善導…六九
三恒河沙ノ諸佛ノ正像末…四二
十方無量ノ諸佛ノ正像末…七一
諸佛三業莊嚴シテ曇鸞…七七
眞實信心ノ稱名ハ正像末…八四
タトヒ大千世界ニ讃彌陀偈…二五一
菩提ヲウマジキ人正像末…一六
若キ時ヨリ藝能嗜マズ……二六
若キ時佛法ハ嗜メ……一五六
若狹ノ二郎三郎……四三
我心ニ任セズ嗜メ實如・一三九、一四七
我物持タズ與ヘント云…一八八
我惡事ハ覺エヌモノ……二九二
我身ニ不思議アリノ仰…四〇九
我ト思フ心持タズ實如……三七一
我ハト思人佛法言立ズ…三三五
我斗リト思フ獨覺心……一八六
我ホド名號書タ人ナシ……三三
我ハ門徒ニモタレタリ……八九
我惡シト思フ者ナシ・一五一、一七四
我往生ノ後誰力言ベキ……二九
我ホド身ヲ捨タ者ナシ……二〇
草鞋クヒノ跡ヲ示ス……四〇〇

蓮如上人《れんによしようにん》御《ご》一代聞書《いちだいききがき》

1942年11月2日 第1刷発行
2017年2月21日 第3刷発行

校訂者 稲葉昌丸《いなばまさまろ》

発行者 岡本 厚

発行所 株式会社 岩波書店
〒101-8002 東京都千代田区一ツ橋2-5-5

案内 03-5210-4000 営業部 03-5210-4111
文庫編集部 03-5210-4051
http://www.iwanami.co.jp/

印刷 製本・法令印刷 カバー・精興社

ISBN 4-00-333222-9 Printed in Japan

読書子に寄す

——岩波文庫発刊に際して——

岩波茂雄

真理は万人によって求められることを自ら欲し、芸術は万人によって愛されることを自ら望む。かつては民を愚昧ならしめるために学芸が最も狭き堂宇に閉鎖されたことがあった。今や知識と美とを特権階級の独占より奪い返すことはつねに進取的なる民衆の切実なる要求である。岩波文庫はこの要求に応じそれに励まされて生まれた。それは生命ある不朽の書を少数者の書斎と研究室とより解放して街頭にくまなく立たしめ民衆に伍せしめるであろう。近時大量生産予約出版の流行を見る。その広告宣伝の狂態はしばらくおくも、後代にのこすと誇称する全集がその編集に万全の用意をなしたるか。千古の典籍の翻訳企図に敬虔の態度を欠かざりしか。さらに分売を許さず読者を繋縛して数十冊を強うるがごとき、はたしてその揚言する学芸解放のゆえんなりや。吾人は天下の名士の声に和してこれを推挙するに躊躇するものである。このときにあたって、岩波書店は自己の責務のいよいよ重大なるを思い、従来の方針の徹底を期するため、すでに十数年以前より志して来た計画を慎重審議この際断然実行することにした。吾人は範をかのレクラム文庫にとり、古今東西にわたって文芸・哲学・社会科学・自然科学等種類のいかんを問わず、いやしくも万人の必読すべき真に古典的価値ある書をきわめて簡易なる形式において逐次刊行し、あらゆる人間に須要なる生活向上の資料、生活批判の原理を提供せんと欲する。この文庫は予約出版の方法を排したるがゆえに、読者は自己の欲する時に自己の欲する書物を各個に自由に選択することができる。携帯に便にして価格の低きを最主とするがゆえに、外観を顧みざるも内容に至っては厳選最も力を尽くし、従来の岩波出版物の特色をますます発揮せしめようとする。この計画たるや世間の一時の投機的なるものと異なり、永遠の事業として吾人は微力を傾倒し、あらゆる犠牲を忍んで今後永久に継続発展せしめ、もって文庫の使命を遺憾なく果たさしめることを期する。芸術を愛し知識を求むる士の自ら進んでこの挙に参加し、希望と忠言とを寄せられることは吾人の熱望するところである。その性質上経済的には最も困難多きこの事業にあえて当たらんとする吾人の志を諒として、その達成のため世の読書子とのうるわしき共同を期待する。

昭和二年七月

《東洋思想》〔青〕

易経 全二冊　高田真治・後藤基巳訳
論語　金谷治訳注
孟子 全二冊　小林勝人訳注
老子　蜂屋邦夫訳注
荘子 全四冊　金谷治訳注
新訂 孫子　金谷治訳注
荀子 全二冊　金谷治訳注
韓非子 全四冊　金谷治訳注
伝習録　山田準・鈴木直治訳註
史記列伝 全五冊　司馬遷／小川環樹・今鷹真・福島吉彦訳
春秋左氏伝 全三冊　小倉芳彦訳
陶庵夢憶　張岱／松枝茂夫訳
千字文　小川環樹・木田章義注解
大学・中庸　金谷治訳注
孫文革命文集　深町英夫編訳
高僧伝 全四冊　慧皎／吉川忠夫・船山徹訳

実践論・矛盾論　毛沢東／松村一人・竹内実訳
ガンディー獄中からの手紙　森本達雄訳
真の独立への道（ヒンド・スワラージ）　M.K.ガーンディー／田中敏雄訳
カウティリヤ実利論 ―古代インドの帝王学 全二冊　上村勝彦訳
ウパデーシャ・サーハスリー ―真実の自己の探求　シャンカラ／前田専学訳
インド思想史　J.ゴンダ／鎧淳訳

《仏教》〔青〕

ブッダのことば ―スッタニパータ　中村元訳
ブッダの真理のことば 感興のことば　中村元訳
般若心経・金剛般若経　中村元・紀野一義訳註
法華経 全三冊　坂本幸男・岩本裕訳注
浄土三部経 全二冊　中村元・早島鏡正・紀野一義訳註
仏説四十二章経・仏遺教経　得能文訳註
大乗起信論　宇井伯寿・高崎直道訳注
臨済録　入矢義高訳注
碧巌録 全三冊　入矢義高・溝口雄三・末木文美士・伊藤文生訳注
無門関　西村恵信訳注

往生要集 全二冊　源信／石田瑞麿訳注
教行信証　親鸞／金子大栄校訂
歎異抄　金子大栄校注
正法眼蔵 全四冊　道元／水野弥穂子校注
正法眼蔵随聞記　懐奘編／和辻哲郎校訂
道元禅師清規　大久保道舟訳注
夢窓国師 夢中問答　佐藤泰舜校訂
一遍聖絵　聖戒編／大橋俊雄校注
日本的霊性　鈴木大拙／篠田英雄校訂
新編 東洋的な見方　鈴木大拙／上田閑照編
仏教 全二冊　ベック／渡辺照宏・渡辺重朗訳
ブッダ最後の旅 ―大パリニッバーナ経　中村元訳
仏弟子の告白 ―テーラガーター　中村元訳
尼僧の告白 ―テーリーガーター　中村元訳
ブッダ神々との対話 ―サンユッタ・ニカーヤI　中村元訳
ブッダ悪魔との対話 ―サンユッタ・ニカーヤII　中村元訳
三論玄義　嘉祥大師撰／金倉円照訳註

選択本願念仏集　法然　大橋俊雄校注

法然上人絵伝　全二冊　大橋俊雄校注

禅林句集　足立大進編

ブッダが説いたこと　ワールポラ・ラーフラ　今枝由郎訳

《日本文学（古典）》〔黄〕

- 古事記　倉野憲司校注
- 風土記　武田祐吉編
- 日本書紀　全五冊　坂本太郎・家永三郎・井上光貞・大野晋校注
- 万葉集　全五冊　佐竹昭広・山田英雄・工藤力男・大谷雅夫・山崎福之校注
- 原文 万葉集　全二冊　佐竹昭広・山田英雄・工藤力男・大谷雅夫・山崎福之校注
- 竹取物語　阪倉篤義校訂
- 伊勢物語　大津有一校注
- 玉造小町子壮衰書 ―小野小町物語　杤尾武校注
- 古今和歌集　佐伯梅友校注
- 土左日記　紀貫之　鈴木知太郎校注
- 源氏物語　全六冊　山岸徳平校注
- 紫式部日記　池田亀鑑・秋山虔校注
- 紫式部集　付 大弐三位集・藤原惟規集　南波浩校注
- 枕草子　池田亀鑑校訂
- 和泉式部日記　清水文雄校注
- 更級日記　西下経一校注

- 今昔物語集　全四冊　池上洵一編
- 三条西家本 栄花物語　全三冊　三条西公正校訂
- 堤中納言物語　大槻修校注
- 新訂 梁塵秘抄　後白河院撰　佐佐木信綱校訂
- 西行全歌集　久保田淳・吉野朋美校注
- 古語拾遺　斎部広成撰　西宮一民校注
- 落窪物語　藤井貞和校注
- 新訂 方丈記　市古貞次校注
- 新訂 新古今和歌集　佐佐木信綱校訂
- 問はず語り　後深草院二条　玉井幸助校訂
- 平治物語　岸谷誠一校訂
- 新訂 徒然草　西尾実・安良岡康作校注
- 平家物語　全四冊　梶原正昭・山下宏明校注
- 神皇正統記　北畠親房　岩佐正校注
- 宗長日記　島津忠夫校注
- 御伽草子　全二冊　市古貞次校注
- わらんべ草　大蔵虎明　笹野堅校訂

- 太平記　全六冊（既刊二冊）　兵藤裕己校注
- 好色一代男　井原西鶴　横山重校訂
- 武道伝来記　井原西鶴　横山重・前田金五郎校注
- 日本永代蔵　井原西鶴　東明雅校訂
- 武道伝来記　井原西鶴　横山重・前田金五郎校注
- 芭蕉紀行文集　付 嵯峨日記　中村俊定校注
- 芭蕉 おくのほそ道　付 曾良旅日記・奥細道菅菰抄　萩原恭男校注
- 芭蕉俳句集　中村俊定校注
- 芭蕉俳文集　全二冊　堀切実編注
- 蕪村俳句集　付 春風馬堤曲 他二篇　尾形仂校注
- 蕪村書簡集　大谷篤蔵・藤田真一校注
- 蕪村七部集　伊藤松宇校訂
- 曾根崎心中・冥途の飛脚　他五篇　近松門左衛門　祐田善雄校注
- 国性爺合戦・鑓の権三重帷子　近松門左衛門　和田万吉校訂
- 東海道四谷怪談　鶴屋南北　河竹繁俊校訂
- 近世畸人伝　伴蒿蹊　森銑三校註
- 紫文要領　本居宣長　子安宣邦校注

新訂 一茶俳句集　丸山一彦校注
増補 俳諧歳時記栞草 全二冊　曲亭馬琴編 藍亭青藍補 堀切実校注
近世物之本江戸作者部類　曲亭馬琴 徳田武校注
北越雪譜　鈴木牧之編撰 京山人百樹刪定 岡田武松校訂
東海道中膝栗毛 全二冊　十返舎一九 麻生磯次校注
頼山陽詩選　揖斐高訳注
こぶとり爺さん・かちかち山 —日本の昔ばなしI　関敬吾編
わらべうた —日本の伝承童謡　町田嘉章 浅野建二編
山家鳥虫歌 —近世諸国民謡集　浅野建二校注
誹諧 武玉川 全四冊　山澤英雄校訂
俳家奇人談・続俳家奇人談　竹内玄玄一 雲英末雄校注
砂払 —江戸小百科 全二冊　山中共古 中野三敏校訂
蕉門名家句選 全二冊　堀切実編注
耳嚢 全三冊　根岸鎮衛 長谷川強校注
色道諸分 難波鉦 —遊女評判記　酉水庵無底居士 中野三敏校注
弁天小僧・鳩の平右衛門　黙阿弥 河竹繁俊校訂
実録先代萩　黙阿弥 河竹繁俊校訂

橘曙覧全歌集　水島直文 橋本政宣編注
嬉遊笑覧 全五冊　喜多村筠庭 長谷川強・江本裕 渡辺守邦・岡雅彦 花田富二夫・石川了 校訂
井月句集　復本一郎編
江戸端唄集　倉田喜弘編

《日本思想》(青)

風姿花伝 (花伝書)　世阿弥 野上豊一郎 西尾実校訂
世阿弥 申楽談儀　表章校註
五輪書　宮本武蔵 渡辺一郎校注
葉隠 全三冊　山本常朝 和辻哲郎 古川哲史校訂
養生訓・和俗童子訓　貝原益軒 石川謙校訂
都鄙問答　石田梅岩 足立栗園校訂
新訂 日暮硯　笠谷和比古校注
蘭学事始　杉田玄白 緒方富雄校註
講孟余話 旧名講孟箚記　吉田松陰 広瀬豊校訂
吉田松陰書簡集　広瀬豊編
塵劫記　吉田光由 大矢真一校注
兵法家伝書 付 新陰流兵法目録事　柳生宗矩 渡辺一郎校注

人国記・新人国記　浅野建二校注
上宮聖徳法王帝説　東野治之校注
世事見聞録　武陽隠士 本庄栄治郎校訂 奈良本辰也補訂
茶湯一会集・閑夜茶話　井伊直弼 戸田勝久校注
新訂 海舟座談　巌本善治編 勝部真長校注
西郷南洲遺訓 付 手抄言志録及遺文　山田済斎編
文明論之概略　福沢諭吉 松沢弘陽校注
新訂 福翁自伝　富田正文校訂
学問のすゝめ　福沢諭吉
新島襄の手紙　同志社編
新島襄教育宗教論集　同志社編
新島襄自伝 —手記・紀行文・日記　同志社編
近時政論考　陸羯南
日本の下層社会　横山源之助
中江兆民 三酔人経綸問答　桑原武夫 島田虔次 訳・校注
新訂 蹇蹇録 —日清戦争外交秘録　陸奥宗光 中塚明校注
茶の本　岡倉覚三 村岡博訳

武士道	新渡戸稲造 矢内原忠雄訳
新渡戸稲造論集	鈴木範久編
余は如何にして基督信徒となりし乎	内村鑑三 鈴木俊郎訳
代表的日本人	内村鑑三 鈴木範久訳
後世への最大遺物・デンマルク国の話	内村鑑三
宗教座談	内村鑑三
内村鑑三所感集	鈴木俊郎編
求安録	内村鑑三
ヨブ記講演	内村鑑三
豊臣秀吉 全二冊	山路愛山
善の研究	西田幾多郎
思索と体験	西田幾多郎
西田幾多郎随筆集	上田閑照編
西田幾多郎歌集	上田薫編
帝国主義	幸徳秋水 山泉進校注
清沢満之集	安冨信哉編 山本伸裕校注
日本の労働運動	片山潜

明六雑誌 全三冊	山室信一 中野目徹 校注
吉野作造評論集	岡義武編
貧乏物語	河上肇 大内兵衛解題
河上肇 自叙伝 全五冊	杉原四郎 一海知義 編
河上肇評論集	杉原四郎編
史記を語る	宮崎市定
中国史 全二冊	宮崎市定
自叙伝・日本脱出記	大杉栄 飛鳥井雅道校訂
女工哀史	細井和喜蔵
谷中村滅亡史	荒畑寒村
遠野物語・山の人生	柳田国男
青年と学問	柳田国男
木綿以前の事	柳田国男
こども風土記・母の手毬歌	柳田国男
不幸なる芸術・笑の本願	柳田国男
海上の道	柳田国男
蝸牛考	柳田国男

野草雑記・野鳥雑記	柳田国男
孤猿随筆	柳田国男
十二支考 全二冊	南方熊楠
特命全権大使 米欧回覧実記 全五冊	久米邦武編 田中彰校注
古寺巡礼	和辻哲郎
風土 —人間学的考察	和辻哲郎
孔子	和辻哲郎
イタリア古寺巡礼	和辻哲郎
日本精神史研究	和辻哲郎
倫理学 全四冊	和辻哲郎
人間の学としての倫理学	和辻哲郎
日本倫理思想史 全四冊	和辻哲郎
時と永遠 他八篇	波多野精一
宗教哲学序論・宗教哲学	波多野精一
「いき」の構造 他二篇	九鬼周造
偶然性の問題	九鬼周造
時間論 他二篇	九鬼周造 小浜善信編

法窓夜話 全二冊　穂積陳重
田沼時代　辻善之助
パスカルにおける人間の研究　三木清
漱石詩注　吉川幸次郎
吉田松陰　徳富蘇峰
新版 きけ わだつみのこえ —日本戦没学生の手記　日本戦没学生記念会編
新版 第二集 きけ わだつみのこえ —日本戦没学生の手記　日本戦没学生記念会編
君たちはどう生きるか　吉野源三郎
地震・憲兵・火事・巡査　山崎今朝弥　森長英三郎編
懐旧九十年　石黒忠悳
武家の女性　山川菊栄
わが住む村　山川菊栄
山川菊栄評論集　鈴木裕子編
おんな二代の記　山川菊栄
忘れられた日本人　宮本常一
家郷の訓　宮本常一
酒の肴・抱樽酒話　青木正児

新編 歴史と人物　三浦周行　林屋辰三郎　朝尾直弘編
国家と宗教 —ヨーロッパ精神史の研究　南原繁
石橋湛山評論集　松尾尊兊編
民藝四十年　柳宗悦
手仕事の日本　柳宗悦
工藝文化　柳宗悦
南無阿弥陀仏 付 心偈　柳宗悦
柳宗悦 茶道論集　熊倉功夫編
新編 美の法門　柳宗悦　水尾比呂志編
柳宗悦随筆集　水尾比呂志編
雨夜譚 —渋沢栄一自伝　長幸男校注
平塚らいてう評論集　小林登美枝　米田佐代子編
日本の民家　今和次郎
長谷川如是閑評論集　飯田泰三　山領健二編
倫敦《ロンドン》！ 倫敦《ロンドン》？　長谷川如是閑
原爆の子 —広島の少年少女のうったえ 全二冊　長田新編
清沢洌評論集　山本義彦編

『青鞜』女性解放論集　堀場清子編
イスラーム文化 —その根柢にあるもの　井筒俊彦
意識と本質 —精神的東洋を索めて　井筒俊彦
フランス・ルネサンスの人々　渡辺一夫
被差別部落一千年史　高橋貞樹　沖浦和光校注
英国の文学　吉田健一
英国の近代文学　吉田健一
訳詩集 葡萄酒の色　吉田健一訳
山びこ学校　無着成恭編
新編 綴方教室　豊田正子　山住正己編
古琉球　伊波普猷　外間守善校訂
福沢諭吉の哲学 他六篇　丸山眞男　松沢弘陽編
政治の世界 他十篇　丸山眞男　松本礼二編注
超国家主義の論理と心理 他八篇　丸山眞男　古矢旬編
朝鮮民芸論集　浅川巧　高崎宗司編
娘巡礼記　高群逸枝　堀場清子校注
田中正造文集 全二冊　由井正臣　小松裕編

《歴史・地理》〔青〕

新訂 魏志倭人伝・後漢書倭伝・宋書倭国伝・隋書倭国伝 ―中国正史日本伝1　石原道博編訳
新訂 旧唐書倭国日本伝・宋史日本伝・元史日本伝 ―中国正史日本伝2　石原道博編訳
ヘロドトス 歴史 全三冊　松平千秋訳
ガリア戦記　カエサル 近山金次訳
タキトゥス ゲルマーニア　泉井久之助訳註
元朝秘史 全二冊　小澤重男訳
歴史とは何ぞや　ベルンハイム 坂口昂・小野鉄二訳
古代への情熱 ―シュリーマン自伝　シュリーマン 村田数之亮訳
アーネスト・サトウ 一外交官の見た明治維新 全二冊　坂田精一訳
武家の女性　山川菊栄
インディアスの破壊についての簡潔な報告　ラス・カサス 染田秀藤訳
コロンブス 全航海の報告　林屋永吉訳
洞窟絵画から連載漫画へ ―人間コミュニケーションの万華鏡　ホグベン 寿岳文章・林達夫・平田寛・南博訳
戊辰物語　東京日日新聞社会部編
大森貝塚 ―付 関連史料　E・S・モース 近藤義郎・佐原真編訳
魔女 全二冊　ミシュレ 篠田浩一郎訳

フランス二月革命の日々 ―トクヴィル回想録　トクヴィル 喜安朗訳
旧事諮問録 ―江戸幕府役人の証言 全二冊　旧事諮問会編 進士慶幹校注
ヨーロッパ文化と日本文化　ルイス・フロイス 岡田章雄訳注
十八世紀ヨーロッパ監獄事情　ジョン・ハワード 川北稔・森本真美訳
東京に暮す ―一九二八～一九三六　キャサリン・サンソム 大久保美春訳
幕末維新懐古談　高村光雲
ミカド ―日本の内なる力　W・E・グリフィス 亀井俊介訳
増補 幕末百話　篠田鉱造
徳川時代の宗教　R・N・ベラー 池田昭訳
ガレー船徒刑囚の回想　ジャン・マルテーユ 木崎喜代治訳
ツアンポー峡谷の謎　F・キングドン-ウォード 金子民雄訳
歴史序説 全四冊　イブン＝ハルドゥーン 森本公誠訳
アレクサンドロス大王東征記 付 インド誌 全二冊　アッリアノス 大牟田章訳
クック 太平洋探検 全六冊　増田義郎訳
ダンピア 最新世界周航記 全二冊　平野敬一訳
高麗史日本伝 ―朝鮮正史日本伝2 全二冊　武田幸男編訳
シエサ・デ・レオン インカ帝国地誌　増田義郎訳

インカ皇統記 全四冊　インカ・ガルシラーソ・デ・ラ・ベーガ 牛島信明訳
ローマ建国史 全三冊　リーウィウス 鈴木一州訳
フランス・プロテスタントの反乱 ―カミザール戦争の記録　カヴァリエ 二宮フサ訳
ニコライの日記 ―ロシア人宣教師が生きた明治日本 全三冊　中村健之介編訳
パリ・コミューン 全二冊　H・ルフェーヴル 河野健二・柴田朝子・西川長夫訳
徳川制度 全三冊　加藤貴校注
第二のデモクラテス 戦争の正当原因についての対話　セプールベダ 染田秀藤訳
チベット仏教王伝 ソンツェン・ガンポ物語　ソナム・ギェルツェン 今枝由郎監訳

岩波文庫の最新刊